L'utopie
de la communication

DU MÊME AUTEUR

Histoire de l'informatique, La Découverte, Paris 1987 (nouvelle édition : coll. « Points-Sciences », Le Seuil, Paris, 1990).

L'explosion dans la communication. La naissance d'une nouvelle idéologie (avec Serge Proulx), La Découverte, Paris, 1989, nouvelle édition, 1993.

La tecno-science en question : éléments pour une archéologie du XXe siècle (avec Alain-Marc Rieu et Franck Tinland), Champ Vallon, Seyssel, 1990.

La tribu informatique : enquête sur une passion moderne, A.-M. Métailié, Paris, 1990.

Pour comprendre l'informatique, (avec G. Dufourd et E. Heilmann), Hachette Supérieur, Paris, 1992.

A l'image de l'Homme. Du Golem aux créatures virtuelles, coll. « Science ouverte », Le Seuil, Paris, 1995.

L'argumentation dans la communication, La Découverte, 1996.

Philippe Breton

L'utopie
de la communication

Le mythe du village planétaire

La Découverte/Poche

Catalogage Électre-Bibliographie

PHILIPPE BRETON
L'utopie de la communication : le mythe du village planétaire
Paris : La Découverte, 1997 (La Découverte/Poche ; 29. Essais)
ISBN 2-7071-2702-7

Rameau :	communication : aspect social
	progrès : philosophie
	utopies : histoire
Dewey :	302.4 : Psychologie sociale. Communication de masse. Sociologie des médias
	303.3 : Processus sociaux. Changements sociaux
Public concerné :	Tout public

En application des articles L 122-10 à L 122-12 du Code de la propriété intellectuelle, toute reproduction à usage collectif par photocopie, intégralement ou partiellement, du présent ouvrage est interdite sans autorisation du Centre français d'exploitation du droit de copie (CFC, 20, rue des Grands-Augustins, 75006 Paris). Toute autre forme de reproduction, intégrale ou partielle, est également interdite sans autorisation de l'éditeur.

Si vous désirez être tenu régulièrement informé de nos parutions, il vous suffit d'envoyer vos nom et adresse au Éditions La Découverte, 9 *bis*, rue Abel-Hovelacque, 75013 Paris. Vous recevrez gratuitement notre bulletin trimestriel **A La Découverte**.

© Éditions La Découverte & Syros, Paris, 1992, 1995, 1997

Introduction

Depuis la première édition de ce livre, qui a connu plusieurs tirages et suscité un certain nombre de débats, la situation qu'il décrit a subi une évolution notable. Le pouvoir des médias, le quasi-monopole qu'ils exercent sur la circulation de l'information se sont affirmés de façon sans équivalent dans l'histoire humaine. La représentation de l'homme comme un être tout entier dédié à la communication et soumis à la tyrannie de l'image (à la fois la sienne et celles que lui apportent les médias) est devenue largement dominante. Le fantasme d'un village planétaire en forme de « cyberspace » se tisse chaque jour derrière la progression des très médiatiques « autoroutes de données ».

Parallèlement à cette apologie d'une « communication sans contenu », qui devient à elle-même sa propre finalité, la montée de l'intolérance, de la xénophobie, de l'exclusion et des idéologies qui en sont les vecteurs actifs n'a jamais été aussi forte depuis les années quarante. Un peu partout, ces forces obscures, que l'on croyait, sans doute par naïveté, disparues à jamais, font surface et repassent à l'offensive. Qu'il s'agisse des milices de l'extrême droite américaine, des mouvements « blancs » les plus conservateurs, des mouvements nationalistes en Serbie, en Russie ou ailleurs, des mouvements xénophobes en France et partout en Europe.

Une question politique

L'une des thèses de ce livre, en tout cas une de celles qui ont suscité le plus de discussions, consistait justement à mettre en rapport cette apologie de la communication et l'existence de ces forces politiques qui ont en commun le désir d'exclusion, de repli et de purification. Ce rapport, d'abord évident dans la volonté des promoteurs de l'utopie de la communication de lutter ainsi contre la barbarie, est aussi un phénomène d'actualité. La communication moderne est née en 1942, en référence directe à son époque. Mais, aujourd'hui, le recours aussi systématique à la communication semble produire comme effet la montée des extrémismes d'exclusion. La nouvelle utopie, nourrie d'un lien social tout entier « communiquant », en liquidant les valeurs et la richesse intérieure de l'homme, en liquidant aussi le rapport à la loi pour lui substituer une simple obéissance relativiste à la règle, a contribué à faire le lit de l'extrême droite. L'apologie d'une universalité planétaire sans contenu, les enthousiasmes naïfs pour les « mondes virtuels » et le « village global » ont paradoxalement rendu attrayant le repli identitaire, le rejet de l'autre, comme moyens de retrouver de « vraies » racines. Cette apparence de modernisme a largement favorisé l'exaltation d'une nostalgie passéiste : le « bon temps » où nous étions « ensemble ».

On réalise mieux aujourd'hui à quel point le fait que les médias aient concentré tout le pouvoir sur l'information les rend outils potentiels de vastes entreprises de désinformation. L'excès de libéralisme d'un monde médiatique qui n'a plus pour guide l'intérêt public peut conduire aux pires excès du populisme. Les autoroutes de la communication qui nourrissent l'utopie d'un « village planétaire » pourraient bien, elles aussi, être le support puissant d'un régime autoritaire qui contrôlerait d'autant plus facilement les hommes que ceux-ci seraient fixés chez eux devant leurs terminaux et que leurs communications seraient tout entières rendues techniquement transparentes.

De la même façon qu'un arsenal nucléaire peut se révéler une arme terrifiante aux mains d'un dictateur, les possibilités infinies ouvertes par les nouvelles technologies de communication pourraient bien reléguer les ressources de la propagande nazie au rang d'un artisanat largement dépassé.

Un vide de la critique

La diffusion de l'utopie communicationnelle s'est faite ces dernières années dans un relatif vide de la critique. Le libéralisme et le pouvoir des médias sont salués comme des preuves de notre maturité politique et les autoroutes de données s'imposent chaque jour un peu plus comme le fer de lance d'une merveilleuse « société de communication » à venir. Quelques auteurs, en France, ont bien tenté de réactualiser de façon originale la critique de la société médiatique, comme Régis Debray[1], ou de démontrer l'autisme généralisé que provoqueraient les nouvelles technologies de communication, comme Jean Baudrillard et Lucien Sfez[2]. La critique des « macrosystèmes techniques » et de la folie du « tout-numérique », telle qu'elle a pu être engagée par Alain Gras, a fédéré d'autres réflexions du même type, mais dans l'ensemble, il faut bien le reconnaître, ces voix d'avenir restent encore bien isolées.

La critique de l'utopie de la communication et de ses effets pervers doit éviter, si elle veut progresser et se faire mieux entendre, un piège rédhibitoire : celui du faux débat entre « technophile » et « technophobe », ou sa variante qui consiste à être « pour ou contre » les médias et les nouveaux réseaux. D'abord, les problèmes sont souvent bien trop complexes pour être réduits à des alternatives simples. Ensuite, on retiendra ici qu'il faut absolument maintenir une distinction entre les outils et l'usage que l'on en fait et surtout la place et la signification qu'une société leur accorde. Une certaine mode relativiste confond aujourd'hui tout en un seul et même magma qui serait uniquement agité par une rhétorique du pouvoir.

L'informatique n'aurait, par exemple, pas pris autant de place dans une société qui accorderait moins d'importance à une certaine conception de la rationalité. Les médias ne s'autorisent finalement que de notre goût pour la transparence sociale. La question pertinente est donc plutôt de se demander pourquoi nos sociétés accordent, depuis le milieu du siècle, autant d'importance à la communication. L'un des grands effets pervers de l'apologie tous azimuts de la « société de communication » est peut-être de nous faire perdre le bénéfice réel que nous pourrions tirer des outils de communication. Dans ce sens, cette utopie a plutôt les allures d'une fausse modernité. Elle présente d'ailleurs, comme nous le montrerons, quelques traits fortement conservateurs.

---

1. Régis DEBRAY, *L'État séducteur*, Gallimard, Paris, 1993.
2. Lucien SFEZ, *Critique de la communication*, Seuil, Paris, 1988.

La présence des techniques dans notre environnement quotidien n'est pas le signe automatique de la modernité. La critique qui nourrit ce livre part du principe *a priori* que la véritable modernité est d'abord politique et, seulement ensuite, éventuellement technique.

La naissance d'une nouvelle utopie

Dans ce sens, ce livre est un livre politique. Son point de départ est une question simple, mais dont les enjeux sont multiples : pourquoi, aujourd'hui, parle-t-on autant de communication ? Cette question trouve de multiples déclinaisons : pourquoi notre société vit-elle comme nécessaire et souhaitable le développement sans frein des intermédiaires médiatiques en tout genre, qu'il s'agisse des médias « classiques », presse écrite, radio, télévision, ou des nouvelles « autoroutes de la communication » ? Comment, dans quelles circonstances, avons-nous imaginé que la société de demain serait une « société de communication », véritable idéal utopique ? Comment l'outil, qui devait simplement être un média, un « milieu » par où transitent les messages, est-il devenu un « centre », qui, au mieux, les déforme et au pis les absorbe ? Pourquoi ce qui avait vocation de rapprocher les hommes laisse le sentiment diffus de les séparer encore plus ?

Cette longue liste de questions, qui sont déjà en elles-mêmes une prise de position, méritait une enquête. La première étape a consisté à rechercher depuis quand exactement ce thème de la « communication » avait pris sa signification actuelle. Les techniques de communication, on le sait, sont anciennes et les discussions à leur sujet ne datent pas d'aujourd'hui, qu'il s'agisse de l'écriture, et de l'hostilité qu'elle a suscitée chez certains philosophes, ou de l'imprimerie. L'histoire de la communication moderne, telle qu'elle est retracée par Armand Mattelart[3] ou par Patrice Flichy[4], fait remonter au siècle des Lumières, puis au XIXe siècle, une

---

3. Armand MATTELART, *L'Invention de la communication*, La Découverte, Paris, 1994.
4. Patrice FLICHY, *Une histoire de la communication moderne*, La Découverte, Paris, 1991.

sensibilité très forte à la communication et aux espoirs qu'elle suscite.

De cette époque date également l'idée que le développement des médias et la liberté des communications sont les conditions essentielles du progrès des sociétés. Mais tout cela, pas plus que la poussée effective de nouveaux moyens comme le téléphone ou la radio, n'a guère de rapport avec la formidable montée du courant de pensée qui, à partir des années quarante, fait de la communication l'axe central de réorganisation des sociétés. Un véritable saut qualitatif a été franchi à cette période, qu'il fallait donc éclaircir.

Notre enquête devait nous permettre de mieux discerner quand et comment s'étaient dessinés les traits de cette nouvelle utopie. La lecture des textes qui, dès 1942, en décrivent les fondements désignait du même coup les raisons de sa formulation : le retrait du politique qui s'amorçait alors, la crise des valeurs et la progression du relativisme, et surtout les profondes transformations que subissait ce que Pierre Legendre appelle la « constitution normative de l'humain », c'est-à-dire les représentations de ce qu'est un homme dans une société donnée. Sans quitter le monde des techniques, nous étions déjà dans celui du politique, au plein sens du terme.

La date de naissance de cette nouvelle utopie, 1942, n'est pas anodine. La lecture de Georges Steiner — dont je ne partage certes pas tous les points de vue — m'incita alors à rechercher les correspondances qui pouvaient exister entre les « structures de l'inhumain » et la « matrice environnante des civilisations avancées[5] ». Cette date précise marquait à la fois le déchaînement dans le plus grand secret d'une nouvelle barbarie, qui allait faire des millions de victimes, et la naissance des conceptions qui allaient peu à peu envahir le siècle. Je découvrais alors que le thème de la « société de communication » était né là, précisément, en opposition, en réaction à la barbarie moderne et à la crise profonde qu'elle avait engendrée.

Des pans essentiels de notre modernité sont ainsi contenus dans ce creuset initial, dans ce tournant essentiel du milieu du XXe siècle. La thèse défendue ici est relativement nouvelle. Personne ou presque, il faut bien le dire, n'avait

---

5. Notamment Georges STEINER, *Dans le château de Barbe-Bleue*, Gallimard, « Folio Essai », Paris, 1973.

établi ces connexions entre la crise profonde du XXe siècle, dont les deux guerres mondiales ne sont que l'expression la plus visible, et la naissance, puis le succès de l'utopie de la communication qui est maintenant constitutive de notre modernité. Il suffisait pourtant de lire les archives : les textes qui décrivent la nouvelle utopie, avec des accents qui gardent aujourd'hui une étonnante actualité, datent en effet de la fin des années quarante. L'inspirateur de la nouvelle société et de l'« homme nouveau » qui devrait l'habiter est un mathématicien américain, Norbert Wiener, créateur de la « cybernétique », science générale de la communication. Malgré son importance, l'influence qu'il a eue sur notre modernité est mal connue. Qui, dans le grand public, a véritablement entendu parler de lui ? Ce livre, qui fait beaucoup référence à ses textes comme autant de documents d'archives, est donc aussi une contribution à une meilleure connaissance de son apport paradoxal à notre culture.

La « cybernétique », après une longue période d'oubli en surface mais d'influence souterraine forte, a resurgi avec les discours d'accompagnement qui entourent les « autoroutes de la communication ». Le terme même de « cyberspace » puise à la source sémantique dont il est issu. Le lecteur assidu de Wiener, au-delà des détails techniques qui ont évidemment changé en cinquante ans, ne trouvera dans tous ces discours apparemment nouveaux aucun élément qui ne lui soit déjà familier. De ce point de vue, notre modernité est curieusement conservatrice : notre futur est celui des années quarante.

Les deux premières parties de ce livre reconstituent l'histoire de la naissance de la notion moderne de communication. On y voit notamment comment elle « s'échappe » du monde étroit et spécialisé de la recherche pour devenir progressivement une nouvelle « valeur » à portée universelle. On y voit également comment s'établit un parallèle entre, d'une part, la constitution de la communication comme nouvelle utopie et, d'autre part, les grandes caractéristiques de la crise qui laissent le monde moderne, dès 1945, sans voix et sans valeur. L'analyse qui suit tente de montrer comment la communication s'est installée comme « valeur post-traumatique », alternative supposée à la barbarie, au racisme et à la société de l'exclusion.

Les effets pervers de la société de communication

C'est à ce point précis qu'une deuxième étape de l'enquête s'imposait. Après avoir mieux compris d'où venait cette position centrale conférée à la communication, il fallait tenter d'évaluer les effets d'une telle conception qui avait progressé rapidement dans la seconde partie du XXe siècle, jusqu'à aujourd'hui. Nous avons appris désormais à nous méfier des utopies, aussi bien intentionnées soient-elles (elles le sont souvent). Wiener voulait lutter contre le Diable, le désordre, l'entropie, contre tout ce qui s'interpose entre les hommes et rend leurs rapports opaques, contre tout ce qui, pour lui, conduit inéluctablement nos sociétés au désastre et à la dissolution du lien social. Mais l'utopie wiénerienne, teintée de forts accents anarchistes, reste pour l'essentiel un vœu pieux. Ce qui ne l'empêche pas — c'est l'objet de la troisième partie du livre — de se répandre dans la société et d'y provoquer des *effets pervers*. Conçue pour assurer le progrès de la société, l'utopie de la communication, du moins la forme actuelle qu'elle prend, risque de provoquer l'exact contraire.

L'objet, on l'aura compris, n'est pas de critiquer gratuitement la communication, mais plutôt de s'interroger sur son versant le plus excessif, qui met dans l'embarras jusques et y compris ceux qui font profession de communiquer. S'ils ne sont pas les derniers à être sous l'emprise de certaines illusions utopiques, ils n'en sont pas moins les premiers à être gênés par elles : soutenir que « tout est communication » revient à les charger d'une responsabilité qu'en aucun cas ils ne peuvent assumer.

La nouvelle utopie a en effet largement inspiré l'ethos implicite des médias modernes. En même temps, elle nourrit l'argumentaire des toutes nouvelles autoroutes de la communication. Mais qu'en est-il en fait de cette fameuse « transparence sociale » que les médias, porteurs privilégiés de la nouvelle utopie, sont censés nous garantir ? Que provoque, concrètement, l'impératif existentiel qui nous affirme que si nous communiquons plus, quel que soit le contenu, tout ira mieux ? Nos sociétés sont-elles devenues plus « rationnelles » du fait de l'emploi massif des machines à communiquer en tout genre qui peuplent notre environnement ? Qui est véritablement cet homme moderne, l'*Homo communicans*, qui cesse d'être « dirigé de l'intérieur » par ses valeurs pour être *other-directed*, comme l'avait pressenti avec force le sociologue américain David Riesman dès 1948[6]. N'est-il qu'un bon gestionnaire de ses relations sociales, ne faisant plus que « réagir aux réactions des autres », simple antenne individuelle supersensible d'un nouveau collectivisme ?

Quelqu'un, un jour, me raconta l'histoire des deux amis qui se rencontrent. L'un demande à l'autre : « Ça va ? », et l'autre, après l'avoir regardé, répond : « Oh toi, ça va ; et moi ? » Voilà un bon résumé des effets pervers que génère la nouvelle utopie dans notre société : un homme sans intérieur, réduit à son image.

Il y a pis. La « société de communication » nous propose la plus large et la plus universelle représentation de l'homme que l'humanité ait jamais connue — en opposition au racisme pour lequel tous les hommes ne sont pas des hommes. Par son apologie systématique du consensus, la nouvelle utopie postule un progrès sans exclusion. Mais ses tentatives d'application semblent générer précisément l'inverse. L'encouragement de la fin du politique et l'apologie d'une société rationnelle et sans conflit ne laissent-ils pas le champ libre aux idéologies d'exclusion en rendant certaines valeurs très attractives pour ceux qui ont besoin à tout prix de points de repère simples ? Le développement d'un néo-individualisme, celui d'un homme seul qui vit dans une société fortement communiquante mais faiblement rencontrante, n'est-il pas à mettre en rapport avec la résurgence de la xénophobie ? La renaissance de l'extrême droite n'est-elle pas le prix, coûteux, des croyances dans les vertus du consensus et dans l'intelligence de la machine ? Née d'une lutte contre la barbarie, l'utopie de la communication ne nous y ramène-t-elle pas, à son corps défendant ? C'est à ces questions que la troisième partie de ce livre introduit.

L'impulsion déterminante pour la rédaction de ce livre et de sa nouvelle édition, revue et augmentée, a été donnée par François Gèze. Son souci que le projet aboutisse, son implication intellectuelle précise et exigeante ont beaucoup compté. Il est toutefois entendu que j'assume seul les erreurs et les faiblesses de raisonnement qui ponctuent nécessairement le traitement d'un sujet aussi vaste et risqué.

---

6. David RIESMAN, *La Foule solitaire, anatomie de la société moderne*, Arthaud, Paris, 1964.

I

La genèse de la notion moderne de communication

1

La formation d'une notion unificatrice

La « communication » est une notion d'apparition très récente, au moins dans le sens que nous lui connaissons aujourd'hui. Le mot est certes utilisé depuis longtemps – son emploi est attesté dans l'ancien français –, mais il faut attendre le milieu du XXe siècle pour que les territoires couverts par sa signification commencent véritablement à s'agrandir. Avant d'analyser dans le détail les grandes étapes de cette extension, il n'est peut-être pas inutile de rappeler, afin d'éviter toute confusion, que si le mot a connu une fortune récente, certaines des réalités qu'il est censé recouvrir ne datent pas d'aujourd'hui. La première étape de la construction de la notion moderne de communication a consisté, justement, à combler ce qui apparaissait alors comme un fossé entre des pratiques sans nom et le vocabulaire qui permet de les désigner. La nouvelle notion de communication, née dans l'univers scientifique, au sein de ce que l'on appelait alors la « cybernétique », a ainsi permis de relier entre elles des pratiques éparses. Elle joue donc dans un premier temps un rôle unificateur, en attendant de prétendre à mieux, celui d'une valeur à portée beaucoup plus générale et en grande partie identifiée à la « modernité ».

L'ensemble de ce que nous appellerions aujourd'hui les « pratiques de communication » existe en effet depuis longtemps : l'homme, au sens large, a toujours communiqué. Ces pratiques peuvent sans doute être considérées comme contemporaines de l'humanité, au même titre que le langage ou l'outil, qui sont les deux dotations essentielles de l'homme de la préhistoire. Quoiqu'il s'agisse là d'une pure spéculation, on peut même imaginer que les pratiques de communication sont au point de rencontre idéal du langage et de l'outil. La communication n'est-elle pas à la fois une opérationalisation technique du langage – par exemple dans l'argumentation et la rhétorique – en même temps qu'un mouvement d'innovation dans le domaine des techniques susceptibles de porter la parole sous forme d'un « message » ? Dans ce sens, la communication n'existe pas en dehors de l'intersection de l'univers du langage et de celui de la technique, du moins jusqu'en 1942, moment où, si l'on peut dire, la communication commence à prendre conscience d'elle-même, comme d'un univers autonome.

Au moment où va naître la notion moderne de communication, entre 1942 et 1948, la plupart des grandes techniques de communication que nous connaissons aujourd'hui ont déjà été mises au point ou sont en train de l'être. On n'insistera pas ici sur l'histoire de ces techniques, qui a déjà été détaillée par ailleurs[1]. Un point cependant mérite d'être discuté à ce propos, celui de l'interaction qui existe entre les grandes techniques de communication et le contexte social dans lequel elles interviennent. Pendant longtemps, on a admis, au point que cela est devenu un véritable lieu commun, le schéma simple selon lequel d'un côté les inventeurs inventaient, en fonction d'une logique où le génie individuel avait une large place, et de l'autre la société était progressivement transformée par ces inventions. En matière de communication ce schéma explicatif a été repris à satiété depuis que le chercheur canadien Marshall McLuhan a popularisé, dans les années soixante, la thèse selon laquelle les grandes étapes de l'histoire de l'humanité ont directement découlé des innovations dans le domaine des techniques de communication. Selon lui, les sociétés humaines seraient directement modelées, sur le plan culturel, intellectuel et social, par les grandes techniques qu'ont été successivement l'écriture, l'imprimerie, puis les médias de masse.

Cette interprétation, qui a encore bien des adeptes, sous une forme ou sous une autre, ne pèche pas uniquement par son caractère étroitement simplificateur. Elle fait en outre l'impasse sur l'ensemble des phénomènes sociaux qui sont

---

1. Notamment dans les premiers chapitres de *L'Explosion de la communication*, *op. cit.*, ou spécifiquement pour la communication au XIXe et au XXe siècle, dans l'ouvrage de Patrice FLICHY, *Une histoire de la communication moderne*, La Découverte, Paris, 1991.

préalables à l'innovation et qui conditionnent le plus souvent en amont le succès ou l'échec de telle ou telle technique. Cette rencontre entre l'évolution sociale et celle des techniques commence à être bien repérée par les spécialistes. Joseph Needham analyse ainsi l'échec du développement de l'imprimerie en Chine par une conjugaison de facteurs à la fois sociaux (le refus du mercantilisme), culturels (le matérialisme organique de la philosophie chinoise dominante) ou intellectuels (le mode d'organisation et de reproduction du savoir dans la bureaucratie impériale)[2]. L'analyse du développement de l'imprimerie en Occident fait aujourd'hui la part de plus en plus belle à la révolution culturelle qui s'engage dans le domaine de l'écrit, dès la fin du XIe siècle, avant même l'invention des techniques de l'imprimé. On sait mieux maintenant à quel point l'invention de l'écriture ou encore celle de la rhétorique ont été étroitement dépendantes du contexte d'une évolution sociale qui en a favorisé l'émergence et garantit le succès[3]. Aussi résistera-t-on **ici à décrire la montée en puissance de la communication au XXe siècle comme une simple conséquence de la poussée des techniques dans ce domaine**. Sans l'immense résonance sociale que la notion première de communication mise au point dans les années quarante a rencontrée, celle-ci serait restée cantonnée dans un univers de signification restreint, à l'intérieur des frontières de la communauté scientifique.

Les trois moments de la communication

Trois grandes étapes vont marquer l'extension de la nouvelle notion, qui va être prise, à partir de 1942, dans une spirale à la fois unificatrice et généralisatrice. Le premier moment se déroule entre 1942 et 1947-1948. Les acteurs de cette entreprise discrète sont malgré tout connus : émanant de diverses disciplines, ils se rassemblent autour de ce qu'il est convenu d'appeler la « cybernétique », et constitués sur le mode du « réseau » à partir de 1942. En schématisant, on pourrait dire que leur objectif est de construire ensemble un champ interdisciplinaire qui unifie sous une même appella-

---

2. Joseph NEEDHAM, *La Science chinoise et l'Occident*, Seuil, Paris, 1973.
3. Voir notamment, sur la question de la naissance de la rhétorique, l'article de Roland BARTHES, « L'ancienne rhétorique », *Communications*, « Recherches rhétoriques », n° 16, Seuil, Paris, 1970.

tion un ensemble de phénomènes déjà connus, notamment dans le domaine de la cardiologie, de la neurophysiologie, de la téléphonie, de l'électronique et des mathématiques appliquées, mais aussi de l'anthropologie. Le travail qui est en cours à ce moment, quoique très ambitieux, garde une portée uniquement scientifique, à usage exclusif de la communauté des chercheurs.

Le deuxième moment, à partir de 1947-1948, va être caractérisé par une volonté explicite, notamment celle du mathématicien Norbert Wiener, l'un des fondateurs du réseau initial, d'étendre la portée de cette notion de communication au domaine de l'analyse puis de l'action politique et sociale. Quoiqu'il ne se considère pas lui-même comme un « militant » ou un « homme politique », Wiener va tenter d'assumer ce qu'il pense être sa responsabilité sociale de scientifique en apportant au monde une clé de compréhension de ses difficultés et de ses progrès possibles.

Parallèlement, l'usage scientifique de la notion de communication continue à se développer et à s'enrichir – par exemple à travers la théorie de l'information. Rien cependant, à cette époque de l'immédiat après-guerre, n'indique que l'idée de communication doive connaître encore une nouvelle extension, jusqu'à se constituer progressivement comme une valeur utopique. Cette troisième étape décisive dans l'histoire de la communication moderne va se faire en rapport direct avec l'évolution de la société occidentale d'après-guerre, fortement marquée par le conflit mondial qui vient d'avoir lieu. Remarquons immédiatement, car ce point va avoir une grande importance pour la suite, que la réflexion naissante sur la communication est alors le monopole quasi exclusif de chercheurs se référant au continent intellectuel associé aux mathématiques, aux sciences de la nature et aux techniques, à l'exception des quelques chercheurs qui appartiennent aux sciences humaines, comme l'anthropologue Gregory Bateson.

Pourquoi la réflexion systématique sur ce nouvel « objet » que va constituer la communication n'est-elle pas née ailleurs, en particulier dans le monde des médias, de la publicité ou de la propagande d'État, ou encore dans celui des idéologies ? Le monde des médias d'alors manquait sans doute de recul suffisant pour théoriser ce qui constituait une pratique quotidienne en plein développement. Les idéologues, quant à eux, ne verront pas rapidement dans la communication, même sous sa forme cybernétique, un objet pertinent. Confronté à ce nouveau domaine et à ses enjeux sociaux, un journaliste du quotidien communiste *L'Humanité* parlera même en 1948 de la « bernétique », nouvelle science pour « berner » le peuple et le détourner de son « véritable combat ». L'usage massif des techniques de communication à des fins de propagande a sans doute contribué à masquer l'émergence de toute question nouvelle à propos de ces techniques dans le champ des idées politiques.

Un paradigme unificateur

Qu'est-ce que la cybernétique et qu'a-t-elle à voir avec la naissance du discours moderne sur la communication ? Beaucoup de choses ont été dites et écrites sur la cybernétique. Peu de courants de pensée se réclament aujourd'hui explicitement de ce mouvement, et celui-ci a d'ailleurs disparu de bien des mémoires, y compris de celles qui l'ont, un temps, accueilli, voire adulé. La cybernétique connaît en effet le faîte de son influence dans les années cinquante, pour sombrer en grande partie dans l'opprobre à partir des années soixante – alors que ses grands thèmes, notamment autour de la « communication », continuent de progresser. Sa déchéance fut à la mesure de la passionnante aventure intellectuelle qu'elle représenta pour tous ceux qui l'approchèrent. La question de la définition de la cybernétique est complexe : un relevé purement descriptif des différentes propositions faites par les cybernéticiens eux-mêmes fait apparaître plus de cinquante définitions différentes du domaine. Aucune n'égale cependant celle que propose le « père fondateur » de la cybernétique, Norbert Wiener, qui voyait en elle la « science du contrôle et des communications ».

La « cybernétique »

La cybernétique est en effet explicitement vouée à la recherche des lois générales de la communication, qu'elles concernent des phénomènes naturels ou artificiels, qu'elles impliquent les machines, les animaux, l'homme ou la société. La communication est immédiatement associée, dans la nouvelle science qui est censée l'investir, à la dimension du « contrôle ». Ce terme mérite une explication. D'abord parce que l'oreille française entend souvent le mot « contrôle » avec une nuance péjorative d'empêchement, comme dans « contrôle de vitesse », « contrôle d'identité » ou « contrôle social », là où la langue d'outre-Atlantique rend au mot une tonalité plus neutre, plus liée à un emploi technique. « La situation, entend-on souvent dire aux États-Unis, est *under control* », c'est-à-dire « prise en main » et « en voie d'être maîtrisée ». Là où le français met du « pouvoir » dans la notion de contrôle, l'américain y voit d'abord de la « régulation » et de la « commande » (*control* est souvent traduit par le français « commande », dans un sens technique).

Ainsi, pour Wiener, toute réflexion sur la communication est associée à l'idée de régulation, de commande et de maîtrise. La cybernétique, nous l'avons dit, se déploie au moins dans deux directions. D'un côté, elle est tendue vers la production de résultats concrets, « scientifiquement mesurables et vérifiables », de l'autre, elle se livre à une réflexion, tout aussi rigoureuse dans son intention, mais bien sûr en dehors de toute quantification possible, sur la nature de l'univers et des phénomènes humains, et sur les transformations que, justement, la prise en compte de la communication comme phénomène central pourrait apporter.

En effet, et c'est là une grande originalité, pour la première fois peut-être dans l'histoire du savoir moderne, une science prétend contenir tout à la fois sa théorie et sa pratique, les conditions et les conséquences de son emploi et, pour finir, son éthique. La construction de la « communication » à la fois comme notion scientifique et comme nouvelle proposition sur l'état du monde se présente en tout cas, nous allons le voir, comme un tout indissociable. Cela oblige d'ailleurs le lecteur des archives scientifiques de l'époque à une gymnastique de lecture particulière, qui lui permette de distinguer ce qui relève tour à tour du résultat technique ou de la loi scientifique, et de l'énoncé spéculatif à portée philosophique ou sociologique.

Les deux niveaux, dans un certain nombre de textes que nous allons analyser ici, sont étroitement mêlés, pour ne pas dire plus. Plus tard, au milieu des années cinquante, on assistera ainsi dans les milieux scientifiques spécialisés à une véritable « poussée philologique », chacun essayant de trier le bon grain de l'ivraie dans ces premiers textes fondateurs d'une nouvelle discipline, pour n'en retenir que la dimension « purement scientifique ».

Ce mélange subtil entre les faits et leur extrapolation va être relayé par deux genres littéraires qui embrayeront avec beaucoup d'aisance sur la cybernétique, au point que l'on peut se demander s'il n'y a pas là un triangle très homogène. La littérature de vulgarisation, d'une part, et la littérature de science-fiction, d'autre part, vont servir de propagateur naturel aux grandes notions de la cybernétique. Longtemps après que la cybernétique en tant que telle n'eut plus produit aucun résultat scientifique, les journaux de vulgarisation continueront à la faire exister, en quelque sorte artificiellement, comme l'avant-garde des sciences.

L'« illumination médiologique de Wiener »

Sommet incontestable de ce triangle au milieu duquel la communication se cristallise comme valeur, les grands textes de Wiener ponctuent l'exploration systématique des nouveaux territoires de la modernité. En 1942, il cosigne un article important, intitulé « Behavior, Purpose and Teleology ». Ce texte est à bien des égards fondateur. On y voit en particulier naître la notion moderne de « communication ». Quelques années plus tard, en 1948, il publie en anglais, à Paris, chez l'éditeur Hermann, son ouvrage le plus connu, *Cybernetics or Control and Communication in the Animal and the Machine*[4], qui est la somme de ses résultats scientifiques dans le domaine de la cybernétique. Immédiatement après, il publie un livre au titre curieux, *The Human Use of Human Beings* (« L'usage humain des êtres humains »). Celui-ci sera finalement traduit en français par *Cybernétique et société*, titre dont on remarquera immédiatement qu'il est une anticipation flagrante, quoique plus large dans son objet, du thème « informatique et société » dont on croira découvrir la nouveauté trente ans plus tard.

Wiener, dans cet ouvrage qui a connu deux traductions successives en français, propose de reconnaître la communication comme valeur centrale pour l'homme et la société, en

---

4. Norbert WIENER, *Cybernetics or Control and Communication in the Animal and the Machine*, Librairie Hermann et Cie, Paris, 1948 (éd. suivantes : MIT Press, Cambridge, Mass.).

même temps qu'il se déchaîne contre tous les régimes, notamment fascistes et totalitaires mais aussi contre les démocraties libérales, qui font – à l'opposé de ce que la communication permet – un usage « non humain » des êtres humains. Ce texte exerce, sous des formes diverses, une profonde influence jusqu'à aujourd'hui, dans tous les discours et toutes les représentations de la « communication ».

Wiener était un mathématicien d'origine. C'est en tout cas la discipline qu'il enseigna, pratiquement toute sa carrière, au MIT où il était professeur. Pourtant, à bien des égards, son raisonnement est celui d'un ingénieur, du type de ceux dont le regard ne s'arrête pas aux faits matériels mais s'étend bien au-delà, jusqu'aux faits humains. La cybernétique, dans sa dimension purement technique, est une exploration systématique de toutes les analogies qui peuvent exister, par le biais des lois mathématiques, entre des phénomènes de nature différente, relevant à la fois du monde de la vie, de la nature, ou de l'univers de l'artifice. Qu'y a-t-il de commun entre le fonctionnement d'un missile qui cherche sa proie en se guidant sur la chaleur dégagée par la cible et certains aspects du fonctionnement du muscle cardiaque ? Entre un thermostat ou un régulateur de machine et le mouvement qui consiste à porter un verre à sa bouche et à boire ? Entre le système nerveux et les éléments d'une machine à calculer ? Entre l'évolution de l'univers et le destin des communautés sociales ?

L'élément commun est pour Wiener l'existence de « relations » – au sens mathématique – entre des éléments séparés par leurs apparences. Dans ce sens, il poursuit le grand œuvre des mathématiques modernes dont Galilée disait déjà qu'elles étaient la langue dans laquelle le grand livre de l'univers était écrit. Mais pour le père de la cybernétique, les mathématiques, loin d'être une fin en soi, sont plutôt, comme il aimait à le répéter, « une vaste métaphore ». Aussi s'autorisa-t-il plus que ce à quoi les mathématiques, habituellement, donnent droit.

A travers les mathématiques, son regard se porte sur l'ensemble du monde visible et sa proposition la plus forte fut finalement que, de la même façon que les mathématiques sont, au bout du compte, la science des relations, tous les phénomènes du monde visible peuvent se comprendre eux aussi, en dernière instance, en termes de relations, d'échange et de circulation d'information. Le monde, pour Wiener, est ainsi tout entier « médiations ». Le point de départ de sa pensée, y compris sa pensée scientifique, est probablement cette illumination médiologique qui le poursuivra jusqu'à sa mort, en 1964, en le forçant à voir le réel sous l'angle quasi unique des relations entre des éléments.

Un réseau fondateur

Autour de Wiener et du programme de recherches qui ne s'appelle pas encore cybernétique, se réunit à partir de 1942 un groupe d'hommes et de femmes, spécialistes de domaines fort divers. Leur premier bonheur fut sans doute de jouir de leur interdisciplinarité. Avant même que la communication ne soit clairement formulée comme l'objet de travail commun, elle fut une pratique difficile mais sans doute gratifiante pour des spécialistes autrement confinés dans la solitude de leur savoir particulier. L'un des membres de ce réseau initial, réuni dans le cadre de réunions financées par la fondation Macy[5], est Gregory Bateson, un jeune anthropologue qui avait soutenu quelques années auparavant une thèse originale sur la tribu des Iatmuls[6] en Nouvelle-Guinée. L'une des questions que Bateson se posait, et pas seulement à propos des Iatmuls, était celle de la formation et de la différenciation du lien social dans les communautés humaines. Sur un tout autre plan, deux autres membres du groupe des premiers cybernéticiens, le neurophysiologue Warren McCulloch et le logicien Walter Pitts, étaient parvenus à la conclusion que la pensée, produit pour eux de l'activité matérielle du cerveau, était liée au fonctionnement « en réseau » des neurones, donc à une activité permanente d'échanges matérialisés[7]. Von Neumann, l'inventeur de l'ordinateur, se chargera de concrétiser ces conceptions dans une nouvelle machine, censée être un *electronic brain*.

Les processus intellectuels pouvaient donc s'appréhender comme le produit d'une activité relationnelle entre des éléments de base. Plusieurs médecins participent à ce groupe,

---

5. Jean-Pierre DUPUY, *Aux origines des sciences cognitives*, La Découverte, Paris, 1992.
6. Gregory BATESON, *La Cérémonie du naven*, Minuit, Paris, 1971.
7. Warren S. MCCULLOCH et Walter PITTS, « A Logical Calculus of the Ideas Permanent in Nervous Activity », *Bulletin of Mathematical Biophysics*, vol. 5, décembre 1943, The University of Chicago Press.

dont le cardiologue mexicain Arturo Rosenblueth. Leur projet est de modéliser, donc de comparer, certaines activités physiologiques de base. Certains d'entre eux, comme Grey Walter et W. Ross Ashby, vont construire des modèles artificiels de cerveau humain ou d'animaux, notamment les fameuses « tortues cybernétiques », qui seront de véritables incarnations de leurs théories sur la « vie » et la « conscience ».

La formation de la notion de communication

Les grands textes fondateurs de la cybernétique nous permettent de suivre, pas à pas, les débuts de la notion moderne de « communication », qui, amplifiée immédiatement par l'esprit et les besoins vitaux du temps, devra connaître rapidement une fortune que ses premiers promoteurs n'avaient sans doute pas imaginée. Le premier date donc de 1942, date décisive à bien des égards car elle est celle, en même temps, d'un tournant dans la guerre mondiale et de ses conséquences pour l'humanité. Il s'agit en fait d'une conférence faite par Norbert Wiener, Arturo Rosenblueth et Julian Bigelow, un jeune logicien qui travaillera plus tard à la réalisation d'un nouveau modèle d'ordinateur avec von Neumann. La conférence – dont la fidélité de contenu est difficile à estimer par rapport au texte écrit – sera publiée l'année suivante[8].

Ce texte d'une vingtaine de pages, maladroit à bien des égards, contient pourtant l'essentiel des thèmes conceptuels qui nourriront ultérieurement non seulement la cybernétique comme discipline, mais toute la pensée moderne de la communication. Ces notions s'affirment en rupture presque complète avec les conceptions classiques jusque-là en vigueur dans les sciences. Elles forment ainsi la base d'un véritable changement de paradigme. L'une des particularités de ce texte est sa lisibilité par des non-spécialistes : non seulement il ne fait appel à aucune connaissance spécialisée en mathématique ou dans un autre domaine scientifique, mais il est écrit dans un langage clair et compréhensible. Il ne s'agit toutefois pas d'un texte de vulgarisation, mais bien plutôt

---

8. Sous le titre « Behavior, Purpose and Teleology », dans la revue *Philosophy of Science*, 1943.

d'un texte d'un genre nouveau, défini par sa capacité à constituer une vaste base commune pour des chercheurs relevant de spécialités différentes.

Trois points forts témoignent de l'originalité du texte : d'abord, ses auteurs n'y proposent rien moins que d'instaurer une nouvelle science, ou du moins une nouvelle manière de faire de la science, ensuite ils avancent implicitement une nouvelle définition de ce qu'est un « homme », enfin ils introduisent la plupart des grandes notions qui nourriront les futures « sciences de la communication », comme par exemple la notion de « rétroaction » (*feed-back*).

Wiener s'en prend d'abord à ce qu'il appelle la « méthode fonctionnelle » des sciences classiques. Celle-ci, dit-il, n'est pas satisfaisante, car elle s'interroge exclusivement sur ce que contiennent les phénomènes investis par la science, sur l'« intérieur » des objets. Or, dit-il, ce qui compte beaucoup plus, ce sont les relations qu'entretiennent les phénomènes entre eux, plutôt que ce qu'ils « contiendraient ». Wiener propose donc de développer ce qu'il nomme la « méthode comportementale d'étude », valable pour l'ensemble des phénomènes naturels, humains, sociaux. Cette appellation sera vite oubliée mais son esprit se diffusera largement par la suite, dès lors que l'on parlera de communication. Le présupposé qui la guide mérite l'attention : les relations qui existent entre les phénomènes y sont en effet considérées non pas comme un aspect parmi d'autres mais comme étant intégralement constitutives du mode d'existence des phénomènes eux-mêmes. On voit ainsi se développer une proposition épistémologiquement très forte, qui pourrait s'énoncer ainsi : le réel peut tout entier s'interpréter en termes d'information et de communication. Ce message épistémologique s'adressait bien sûr à toutes les sciences sans exclusive, et c'est pour cette raison que Wiener voyait dans la cybernétique non pas une nouvelle discipline mais bien l'occasion de renouveler l'ensemble des disciplines, et qu'il refusera par la suite de dessiner les contours institutionnels d'une nouvelle science. Wiener a, dès ce moment, clairement conscience que ces recherches ont une portée qui dépasse largement les limites étroites des différentes spécialités scientifiques. Il propose en fait une vision du monde, globale et unifiée. Celle-ci s'organise autour de l'axe communication et concerne toutes les disciplines. Elle contient en germe la transformation de la communication en « valeur » à large portée sociale et politique.

Une nouvelle vision du réel

En 1942, le mathématicien ne parle pas encore de « communication ». Il s'en tient d'une part à l'idée de comportement, d'autre part à la notion d'information : le « comportement » des êtres consiste à « échanger de l'information ». Nul doute, quoique aucun élément dans les archives ne nous mette sur cette voie, que Wiener emprunte la notion de comportement aux théories du béhaviorisme. En scientifique, il est sans doute sensible à l'argument selon lequel la science ne peut s'intéresser, à bon droit, qu'au domaine de l'observable. Dans ce sens, le « comportement d'échange d'information » est un objet idéal, puisque totalement observable (ce qui ne veut pas dire qu'il se donne d'emblée mais plutôt qu'il est potentiellement analysable pour qui dispose de la méthode adéquate).

Il faut mesurer clairement la portée de la rupture paradigmatique que propose ici Wiener. Elle est en fait double. La nouveauté n'est pas tant que soient mis en scène l'information et le mouvement de son échange comme nouvel objet de science – ce que l'on croit généralement – mais bien que ce mouvement d'échange d'information soit présenté ici comme constitutif intégralement des phénomènes, aussi bien naturels qu'artificiels. Là est l'origine du « tout communication », qui constitue la base ultérieure du discours utopique sur la communication, avant même d'ailleurs que Wiener n'ait songé à remplacer, quelques années plus tard, l'incommode « comportement d'échange d'information » contre le terme plus pratique de « communication ».

Son attaque contre la « méthode fonctionnelle » classique vise, on le voit bien à la lecture des métaphores qu'il utilise, toutes les conceptions qui postulent une quelconque « intériorité » des phénomènes. Ce point mérite toute notre attention et nous y reviendrons longuement par la suite. Affirmer que tout peut s'expliquer en termes de relations implique en effet clairement que tout est « à l'extérieur » et qu'il n'y a pas de « reste ». Chaque phénomène ou chaque « être » est ainsi comme un oignon, métaphore à laquelle recourra le mathématicien Alan Turing, inventeur du fameux « test » pour déterminer si les machines « pensent[9] », puis un peu plus tard le psychanalyste Jacques Lacan, qui mettra lui aussi « l'intérieur à l'extérieur » en postulant que l'inconscient est structuré comme un langage. L'oignon n'a pas d'intériorité, il est tout entier fait d'extériorités superposées, enlevez-lui sa peau externe, vous rencontrerez une autre peau, et ainsi de suite. Le credo initial de la communication se formule donc ainsi : l'intérieur n'existe pas, l'intériorité est un mythe, un récit qui relève au mieux de la métaphysique, au pis de l'illusion. La disparition aux oubliettes de l'histoire des idées de toute référence à l'intériorité implique une formidable promotion d'une notion que Wiener n'emploie pas directement en 1942 mais qui sous-tend son propos, celle de « transparence ».

Une fois cette étape franchie, Wiener part, toujours dans ce texte de 1942, à la recherche d'une classification générale des phénomènes naturels, humains et artificiels, classification qui doit se faire, bien sûr, en fonction du principe énoncé plus haut. Soit donc un monde où les êtres n'existent pas par eux-mêmes mais uniquement dans leurs rapports mutuels, quels sont les critères qui pourront rendre compte d'une différence entre eux ? Wiener propose alors une hiérarchie précise, qui englobe tous les êtres connus dans l'univers.

Le critère retenu est alors celui de la complexité du comportement d'échange d'information. On voit ainsi apparaître une autre des notions clés de l'univers conceptuel de la communication. Plus un être aura un « comportement de communication » complexe, plus il sera haut dans l'échelle de valeur de l'univers. A ce point précis de son raisonnement, Wiener introduit un élément technique central dans son système de pensée, la « rétroaction », et, satellites notionnels essentiels, les fameux *input* (messages d'entrée) et *output* (messages de sortie), qui existent par ailleurs en tant que lieux communs d'une certaine psychologie sociale.

La rétroaction sert à désigner la capacité d'un dispositif quelconque à recevoir et à émettre les informations nécessaires au maintien d'un équilibre donné. Le thermostat (inventé au XVIIe siècle, dans sa version thermique, par le Hollandais Cornelius Drebbel) est ainsi un dispositif qui analyse les *input* (la température extérieure), les compare à une valeur prédéterminée supposée être la valeur d'équilibre, et envoie des

---

9. Alan TURING, « Les ordinateurs et l'intelligence », in *Pensée et machine*, coll. « Milieux », Champ Vallon, 1983.

output destinés à maintenir la température au niveau de la valeur d'équilibre. Qu'un être dispose ou non d'un tel dispositif, que celui-ci soit plus ou moins raffiné (autorisant par exemple des « prédictions »), permet de le placer sur l'échelle d'une complexité croissante.

Cette disposition suppose – ce point est essentiel – que l'on ne compare pas les « êtres » en fonction de leur nature apparente, minérale, biologique ou métallique par exemple, mais uniquement en fonction de leur comportement effectif. Peu importe le « matériau » qui les compose puisque leur « être-au-monde » dépend uniquement de la nature de leur engagement dans un vaste processus d'échange. Wiener consacre de longs développements à expliquer que le comportement de certaines machines est, en complexité, au moins égal, sinon supérieur, sur certains points, au comportement de l'homme. On voit bien ici que l'une des conséquences majeures de l'acceptation du présupposé initial – « tout est communication » – conduit directement à l'abolition pure et simple de la barrière classique qui sépare le naturel de l'artificiel et à la « débiologisation » de l'intelligence et de l'esprit (*mind*).

Une synthèse scientifique. Cybernetics

En 1948, Wiener publie *Cybernetics*, ouvrage essentiellement composé de remarques et de résultats scientifiques et techniques. Le livre connaît une diffusion assez vaste – là où l'article de *Philosophy of Science* n'a eu qu'une diffusion confidentielle. Son mérite principal est sans doute de convaincre une frange suffisamment importante de la communauté scientifique de l'intérêt de ce nouveau domaine (l'ouvrage n'est d'ailleurs, pour l'essentiel, pas lisible pour des non-spécialistes). Tous les grands thèmes des premières conférences financées par la fondation Macy, et qui sont le creuset de la « nouvelle science », y sont présents. On y trouve des développements abondants sur les analogies entre le système nerveux de l'homme et certains dispositifs artificiels, sur l'importance des nouvelles machines, qu'on n'appelle pas encore des « ordinateurs », et sur la synthèse des travaux de la théorie mathématique de l'information. Wiener évoque longuement les problèmes de l'automatisation du tir antiaérien, problème sur lequel il a beaucoup travaillé, dès 1940, pour l'armée, ainsi que le problème des prothèses de membres, sujet qui l'occupera jusqu'à sa mort.

Il consacre également quelques pages à la question des implications de la cybernétique pour la sociologie, l'anthropologie et l'économie. Le mathématicien témoigne à ce sujet des contacts qu'il commence à prendre dans le monde du travail, avec des représentants syndicaux, pour les entretenir et les convaincre de l'intérêt de ses analyses en termes de communication pour aborder les problèmes de société. Il n'a cependant pas encore entrevu toutes les implications de son paradigme initial dans le domaine culturel et social. Toutefois, à la fin de l'introduction de *Cybernetics*, rédigée en novembre 1947, l'auteur évoque le fait que « ceux d'entre nous qui ont contribué à la nouvelle science de la cybernétique sont maintenant dans une position morale qui est pour le moins assez peu confortable » car, dit-il, à propos des développements techniques nombreux et puissants qu'elle permet, « nous ne pouvons que les annoncer au monde » et ce monde qui nous entoure est celui « de Bergen et d'Hiroshima [10] ». C'est à ce moment précis, sans doute, et avec cette référence à la barbarie qui menace le monde, que Wiener commence véritablement à entrevoir la portée sociale de ces nouvelles théories. Il inaugure ainsi la deuxième étape du développement de la notion de communication, qui la poussera de plus en plus à l'extérieur du monde scientifique.

---

10. Norbert WIENER, *op. cit.*, p. 38.

2

La portée sociale d'une nouvelle valeur

En 1949, Wiener écrit la première édition de *The Human Use of Human Beings*. Son objectif est de mettre à la portée du lecteur non scientifique les résultats acquis dans *Cybernetics* : « Des amis, dit-il, me conseillèrent d'écrire à l'intention des profanes un ouvrage similaire, dans lequel j'éviterais le symbolisme scientifique et l'abstraction et où j'exposerais les conséquences sociologiques assez importantes de la thèse [1]. » La solidarité et la complémentarité des deux ouvrages sont, de fait, manifestes. Pourtant, s'ils expriment la même chose, ils n'abordent pas, formellement, les mêmes thèmes car, entre les deux, Wiener a franchi une étape importante. Le premier est tout entier consacré à l'énoncé de résultats scientifiques, le second est un ensemble de réflexions sur la société, qui sonnent comme autant de propositions pour sa réforme radicale.

Wiener va y développer longuement les raisons pour lesquelles, selon lui, la communication doit devenir une valeur centrale, et notamment la crainte du chaos social. Son argumentation se déploie autour d'un axe qui oppose l'information et l'entropie. A partir du constat selon lequel notre société est menacée par le désordre entropique, il développe un message dont la portée est double. Fidèle aux thèmes généraux de son article de 1942, il va dans un premier temps soutenir que les sociétés humaines ne peuvent, au bout du compte, être comprises qu'en termes de communication. Dans un second temps, il va opposer le modèle des sociétés « ouvertes » – qui font reculer localement le désordre entro-

---

1. Norbert WIENER, *Cybernétique et société*, Deux-Rives, Paris, 1952, p. 10.

pique – à celui des sociétés « rigides », qui justement l'augmentent jusqu'au risque de l'effondrement. Cette opposition passe souvent, chez lui, par la métaphore de la lutte entre l'opacité et la transparence.

La démarche de Wiener, qui n'hésite pas à donner à de stricts résultats scientifiques une portée universelle dans le champ politique et social, peut étonner. Il faut, pour la comprendre, la situer dans le contexte de l'époque, celui de la Seconde Guerre mondiale et de la guerre froide, qui est celui d'une forte sensibilité des chercheurs et des ingénieurs au thème de leur responsabilité sociale et aussi celui de leur très forte implication concrète dans les enjeux de société, notamment à partir d'Hiroshima. C'est donc bien en tant que scientifique que Wiener entend délivrer, si l'on peut dire, un message au monde.

La construction d'une nouvelle valeur

La notion d'entropie va jouer un rôle central dans la construction d'une vision du monde bâtie autour de l'information et de la communication. Cette notion, utilisée pour décrire le désordre inverse de l'ordre généré par l'information, est en fait importée de la thermodynamique, domaine qui a profondément marqué la pensée scientifique au XIXe siècle. La seconde loi de la thermodynamique, en particulier, énonce que tout système (thermique) isolé tend vers un état de désordre maximal, ou, en d'autres termes, vers la plus grande homogénéité possible par le ralentissement puis l'arrêt des échanges en son sein. Cette loi, transposée à l'échelle de l'univers, implique à terme – mais il s'agit d'une échéance fort lointaine – ce que l'inventeur de la thermodynamique, au XIXe siècle, le physicien Boltzmann, avait nommé la *warmetod*, la mort thermique de l'univers.

Wiener va transposer cette notion et l'appliquer au champ de l'information. Il est en effet persuadé que l'univers est bien un système clos, qui est en route vers son nivellement absolu, et que nous vivons dans un monde inéluctablement voué à la destruction. Ce point est, pour lui, scientifiquement acquis. « Nous sommes, écrit-il, des naufragés sur une planète vouée à la mort[2]. » Mais, ajoute-t-il immédiatement, « dans un naufrage, même les règles et les valeurs humaines ne disparaissent pas nécessairement et nous avons à en tirer le meilleur parti possible. Nous serons engloutis mais il convient que ce soit d'une manière que nous puissions dès maintenant considérer comme digne de notre grandeur[3] ».

Une théologie de l'entropie

Pour qui douterait du caractère éminemment théologique de la discussion sur les phénomènes entropiques, il faut préciser que Wiener compare explicitement l'entropie à l'action du diable. Mais, dit-il, il y a deux sortes de diable, celui de saint Augustin, qui s'appelle l'Imperfection, et celui des manichéens, qui est un diable pervers, malin, qui sème activement le désordre et la confusion. Cette distinction est à ses yeux essentielle : pour lui, l'entropie « naturelle » de l'univers est une Imperfection originelle mais elle n'est pas un phénomène trompeur. Une fois que le scientifique connaît une loi de l'univers, celle-ci ne change pas. En revanche, l'entropie que l'homme peut générer relève, elle, d'un procédé malin au sens strict. Ainsi le langage peut être brouillé de deux façons, par la nature (par exemple le fameux « bruit de fond » dans les lignes téléphoniques qui donna bien du fil à retordre aux ingénieurs des télécommunications) ou par « les entreprises d'hommes obstinés à changer de force sa signification ». Le rôle de la communication est donc de s'attaquer à la fois au désordre généré par l'homme et au Mal que la Nature porte en elle. Wiener, comme tous les utopistes, si l'on en croit le point de vue de Gilles Lapouge[4], est profondément hostile au manichéisme qui admet l'existence – et la nécessité – à la fois du bien et du mal. Son univers est plutôt celui où l'on lutte contre le diable dans l'espoir réel de le vaincre, ne fût-ce que localement. Le scientifique, dans cette perspective, a la responsabilité première de ce combat.

L'apparent pessimisme que traduit cette conception d'un univers « voué à la mort » ne l'empêche pas d'insister sur la nécessité de construire des zones d'ordre local : « La question de savoir si la seconde loi de la thermodynamique doit être

---

2. Norbert WIENER, *Cybernétique et société, op. cit.*, p. 43.
3. *Ibid.*, p. 43.
4. Gilles LAPOUGE, *Utopie et civilisations*, Albin Michel, Paris, 1990.

interprétée de manière pessimiste ou bien sans aucune implication mélancolique dépend de l'importance que nous donnons d'une part à l'univers en général et, d'autre part, aux îlots d'entropie localement décroissante que nous y trouvons[5]. »

La responsabilité de l'homme vis-à-vis de la société et de la nature dans laquelle il vit (on trouve ici l'esquisse d'une pensée écologique) est celle de faire « reculer localement l'entropie ». Toute action négative de l'homme dans ce domaine s'ajouterait de façon dramatique à l'entropie naturelle du monde. Or, le strict opposé de l'entropie est bien l'information, cette information vivante, qui circule et qui rend les systèmes « ouverts ». Le premier acte qui permet de faire reculer localement l'entropie est donc la reconnaissance par les hommes de l'importance décisive des phénomènes de communication.

C'est à ce point précis, sans doute, que le discours de Wiener passe le plus nettement de l'énoncé de notions opératoires dans le champ scientifique et technique, au registre des valeurs, notamment celles qui sont aptes à assurer le maintien du lien social. Nul doute en effet que l'entropie, d'une part, et l'information, d'autre part, soient de véritables concepts scientifiques. Mais cela implique que leur pertinence reste locale ou, *a minima*, que leur généralisation soit rigoureusement contrôlée. L'entropie de Boltzmann ne vaut finalement que dans un contexte d'échanges thermiques idéaux. Un pas important est franchi dès lors qu'on parle de la « mort thermique de l'univers » ou encore de l'« entropie sociale ».

Ce raisonnement vaut également pour la notion d'information, pour laquelle on peut construire des lois mathématiques rigoureuses, dès lors qu'il s'agit par exemple de transfert de propagation de signaux dans des canaux matériels finis. Passées ces limites très strictes, nous entrons dans le domaine de l'extrapolation ou dans celui de l'hypothèse spéculative. Ce pas, Wiener n'hésite pas à le franchir, en appliquant aux grandes questions classiques (qu'est-ce que l'homme ? qu'est-ce que la société ?) la grille des notions scientifiques élaborées dans un contexte local.

Wiener est ainsi convaincu, dès 1942, qu'il y a bien une notion unifiante globale : la communication, source et clef de

---

5. Norbert WIENER, *Cybernétique et société, op. cit.*, p. 41.

l'existence de tous les phénomènes naturels et artificiels. Dès lors pourquoi ne pas tenter de l'appliquer aux phénomènes humains concrets, à la politique, à l'éducation, à la morale et au droit ? Cette extrapolation va se faire sous l'empire d'une crainte fondamentale : le désordre entropique menacerait à la fois l'homme en tant qu'être vivant et le lien social que les communautés nouent entre elles. Cette pensée, traversée par le sentiment de l'urgence, est une pensée de la survie. Wiener n'est-il pas justement sur ce point en parfaite résonance avec l'esprit légitimement pessimiste de son temps, dans un monde qui est, aussi bien en 1942 qu'en 1948, en proie au déchaînement des passions les plus meurtrières ou à la menace nucléaire ? Aussi, sans doute sans en mesurer les conséquences lui-même, Wiener est-il en train d'élaborer, avec la communication, une nouvelle valeur qui va parfaitement bien s'adapter aux attentes et aux espoirs de son époque.

Une société de communication

La société, au sens habituel qu'on donne à ce terme, existe-t-elle pour Wiener ? Ou plutôt, existe-t-elle en dehors des multiples activités de communication qui sont à la fois la forme et le contenu du lien social ? Il faut s'attendre, compte tenu des présupposés initiaux de la cybernétique, que son point de vue sur cette question soit assez radical. De fait, sa « thèse », selon sa propre expression, est que « la société peut être comprise *seulement* [souligné par nous] à travers l'étude des messages et des facilités de transmission qui lui sont propres[6] ». Une société donnée est ainsi entièrement constituée par les messages qui circulent en son sein. Dans cette perspective, la sociologie et les sciences sociales sont évidemment appelées à réviser leur objet, celui-ci n'étant plus une « société » abstraite et insaisissable, mais bien l'unité constituée par l'ensemble des informations – et des moyens de transmission et d'échanges de ces informations – qui circulent dans un espace donné.

L'idée centrale de Wiener, en matière d'exercice du pouvoir, est celle de régulation, plus précisément d'autorégulation. Il ne fournit cependant aucun détail sur ce que peut être concrètement un tel mécanisme. En fait, il manifeste sur ce

---

6. Norbert WIENER, *Cybernétique et société, op. cit.*, p. 21.

point un optimisme considérable : si les canaux de communication sont maintenus largement ouverts, si le transfert de la décision politique peut être fait au profit de machines capables d'apprendre, alors les conditions seront réunies pour que s'instaure une société meilleure, une « société de communication ». Le savoir sur la communication, et notamment son incarnation dans des machines intelligentes, est « bon » par nature, puisqu'il s'oppose à l'entropie. Il suffit donc de le laisser agir par lui-même.

Le scientifique a dès lors une mission fondamentale. Non pas « prendre le pouvoir », mais bien plutôt construire des machines qui déposséderont rapidement l'homme de cette tâche dont il s'acquitte fort mal, des machines qui permettront, comme le dit le mathématicien anglais Alan Turing, qui fut un des pères de l'informatique[7], de « transformer les intellectuels en gens ordinaires ». Il s'agit, là aussi, d'une stratégie de « contournement du pouvoir », qui finira bien par « tomber des mains » des hommes le jour où les machines auront pris réellement et concrètement la direction des affaires humaines. Dans ce sens, la pensée de Wiener est une sorte d'anarchisme rationnel car il prône une société sans État où les régulations sociales s'opèrent de façon rationnelle.

Les machines à communiquer ne servent pas seulement, dans cet esprit, à traiter et à échanger individuellement de l'information. Elles participent au courant global de lutte contre l'entropie en maintenant ouverts les canaux de communication. Elles sont donc à la fois de la communication en acte – puisqu'elles permettent d'intervenir sur le monde et ont ainsi une fonction politique et sociale – et à la fois la concrétisation d'un savoir sur la communication.

Le cas le plus exemplaire de cette dualité est celui de l'ordinateur. D'un côté, l'ordinateur est une machine dont l'invention est rendue possible parce que le savoir sur la communication a beaucoup progressé dans les années quarante. De l'autre côté, l'ordinateur est, de façon privilégiée, une « machine à communiquer ». Il est même, d'une certaine façon, la base de tout dispositif technique de communication. Dans ce dernier sens, l'ordinateur a, du point de vue de la société de communication, une fonction sociale majeure.

---

7. Voir à ce sujet l'excellente biographie de Turing par Andrew HODGES, *Alan Turing, the Enigma*, Simon and Shuster, New York, 1983, traduite chez Payot sous le titre, *Alan Turing ou l'énigme de l'intelligence*, Paris, 1988.

La réflexion sur le statut de l'information et les « modes intrinsèques de communication » dans la société permet ainsi de fournir de bons indicateurs sur ce que Wiener appelle « la nature des communautés sociales[8] », ouvertes ou fermées, communicantes ou non, ou bien encore sur la capacité de l'homme à s'assumer comme créature tout entière communicante, pour qui « vivre effectivement c'est vivre avec une information adéquate[9] ».

La démarche que propose Wiener à partir de là est double. Elle consiste dans un premier temps à poser qu'une société est par nature tout entière constituée par ses communications. Cette première étape est un préalable à toute connaissance et surtout à toute possibilité d'action. Dans un second temps, il est nécessaire d'identifier clairement la nature exacte des modèles de communication qu'une société, ou qu'une communauté donnée, privilégie. Certains de ces modèles (*pattern*) vont en fait augmenter l'entropie alors que d'autres permettront au contraire de maintenir ces îlots d'organisation locale qui sont si chers à Wiener. Cette distinction est importante car elle signifie qu'une société a pu par exemple se doter d'« un réseau de communications nationales et internationales d'une perfection inégalée dans l'histoire[10] » (c'est ainsi que Wiener caractérise le niveau atteint par le monde occidental), et en même temps risquer de sombrer dans la décadence parce que ce réseau n'est pas utilisé pour « communiquer véritablement » (ce qui est le point de vue de Wiener pour ce qui concerne les États-Unis au moins).

Tous les ferments d'une nouvelle idéologie, à consonance fortement utopique, commencent dès lors à être réunis. « La communication, dit Wiener, est le ciment de la société et ceux dont le travail consiste à maintenir libres les voies de communication sont ceux-là mêmes dont dépend surtout la perpétuité ou la chute de notre civilisation[11]. »

---

8. Norbert WIENER, *Cybernétique et société, op. cit.*, p. 81.
9. *Ibid.*, p. 161.
10. *Ibid.*, p. 159.
11. *Ibid.*, p. 183.

La montée de l'implication sociale des scientifiques

Les scientifiques ainsi que les ingénieurs, ceux qui construisent les machines, sont bien sûr en première ligne pour assurer « la perpétuité de notre civilisation ». En cette période des années quarante, plus peut-être qu'à d'autres époques, les techniciens sont largement sollicités, non seulement pour produire de nouvelles connaissances, mais également pour guider les politiques dans leur emploi. Le milieu du XXe siècle voit en effet, parallèlement au mouvement de l'innovation dans tous les domaines, une montée en puissance du rôle des scientifiques dans la société. La guerre joue évidemment un grand rôle dans cette utilisation du savant comme expert au service des besoins militaires et des stratégies gouvernementales. Les spécialistes des techniques de communication vont ainsi être particulièrement mobilisés et leur rôle dans le conflit mondial, puis dans la guerre froide, va être décisif.

Beaucoup de scientifiques éprouvent le sentiment d'être directement concernés par les événements et en même temps de pouvoir y intervenir de façon décisive. Ce phénomène peut s'expliquer à la fois par leur sensibilité aux événements qui ébranlent le monde et par la légitimité absolue qu'ils incarnent, dans les années quarante, au regard de tous les autres spécialistes de la vie sociale ou politique. D'une part, beaucoup des scientifiques qui travaillent en Angleterre et surtout aux États-Unis pendant la guerre sont des Européens continentaux qui ont fui le nazisme, en général après avoir été persécutés pour des raisons « raciales ». Leur engagement en tant que scientifiques dans l'effort de guerre des Alliés est lié pour eux au combat contre le nazisme et le fascisme, et à la crainte que ces régimes ne sortent finalement victorieux de la guerre mondiale. D'autre part, compte tenu du rôle croissant des sciences et des techniques dans le conflit, beaucoup de scientifiques ont été intégrés, à titre de « conseillers », aux différents niveaux de l'appareil politico-militaire. Leur sensibilité se double donc d'une capacité effective d'intervention sur les décisions tactiques et stratégiques.

Les scientifiques et l'idéologie

L'utilisation à deux reprises, en août 1945, contre des populations civiles japonaises d'un pur produit de la physique moderne, la bombe atomique, constitue, pour de nombreux scientifiques, un choc moral et psychologique important. D'une façon plus générale, tous ceux qui voyaient dans la science fondamentale et dans ses applications techniques l'un des ressorts essentiels du progrès furent ce jour-là rigoureusement détrompés. Bien sûr, la science avait toujours eu une certaine proximité avec l'institution militaire. Mais le guerrier et le savant appartenaient depuis toujours à des ordres différents, qui n'avaient ni les mêmes règles, ni les mêmes valeurs, ni les mêmes intérêts. Cet événement va contribuer à la montée d'un fort sentiment de responsabilité vis-à-vis de la société. Il va notamment provoquer, chez certains savants, le fort désir d'apporter en contrepartie une contribution positive au sort de l'humanité. Norbert Wiener fait évidemment partie de ceux-là.

Ce sentiment de responsabilité sociale n'est toutefois pas nouveau. Beaucoup de scientifiques s'étaient engagés, dès la fin du XIXe siècle, dans la construction des bases d'une société mondiale enfin pacifiée. Dans un ouvrage consacré aux rapports des scientifiques à la paix avant la Seconde Guerre mondiale, la politologue canadienne Brigitte Schroeder-Gudehus rappelle cette idée force de la fin du XIXe siècle, à forte tonalité utopique, selon laquelle « les scientifiques sont en mesure de combler des divisions politiques en jetant des ponts entre collectivités hostiles, [...et...] peuvent accroître la compréhension entre les peuples et donc les rapprocher [et] peuvent enfin court-circuiter la diplomatie traditionnelle et ainsi servir de fer de lance à un mouvement pour la paix mondiale[12] ».

Les premières années du siècle voient la mise en place d'une tentative de certains représentants de la communauté scientifique de prendre littéralement le pouvoir au niveau mondial, ou du moins de dissoudre toutes les formes de pouvoir associées à l'État-nation, considéré comme le facteur principal dans la genèse des conflits et des guerres. Ce mouvement, dit « fonctionnaliste », prévoit « l'érosion graduelle des souverainetés étatiques grâce à l'intégration progressive des tâches fonctionnelles techniques ; [...] dans la pensée fonctionnaliste un rôle crucial revient aux communautés transnationales de normes et d'intérêts et aux entreprises de coopéra-

---

12. Brigitte SCHROEDER-GUDEHUS, *Les Scientifiques et la paix*, Les Presses de l'université de Montréal, 1978, p. 9 et 10.

tion fonctionnelle (les chemins de fer, la navigation fluviale, l'observation météorologique, etc.)[13] ». Il s'agit en fait de « contourner le secteur politique » et de saper l'État sans s'attaquer fondamentalement aux structures politiques.

Mais, dès le début de 1914, dans un contexte de guerre idéologique, les chercheurs, les universitaires, les savants renoueront rapidement avec le service du prince et nombre d'entre eux s'engageront dans le soutien aux différents nationalismes. Le physicien Max Planck, par exemple, signe en octobre 1914 (il nuancera plus tard sa position) un texte où les « représentants de la science allemande et de l'art allemand » affirment que « sans le militarisme allemand, la culture allemande aurait depuis longtemps disparu du monde[14] ».

Au-delà d'un soutien idéologique, il va s'agir rapidement d'un engagement plus concret dans le conflit, à partir des résultats pratiques de la science elle-même. La guerre de 1914 à 1918 est fortement marquée par l'engagement de la chimie. Comme le remarque Brigitte Schroeder-Gudehus, « la contribution la plus spectaculaire de la science à l'effort de guerre fut sans doute le développement des gaz de combat. Spectaculaire elle l'était surtout du point de vue de ses conséquences dans le domaine politique. Du point de vue militaire, l'efficacité des armes toxiques se révéla problématique et ils n'acquirent jamais, en tant qu'arme, l'importance décisive sur laquelle leurs initiateurs avaient compté. Le développement et l'utilisation des gaz allaient cependant affecter profondément et de manière durable l'interprétation du rôle de la science et des scientifiques dans la société moderne[15] ».

L'engagement de la science et des scientifiques s'accroît considérablement pendant la Seconde Guerre mondiale. Tous les secteurs de la science sont mis à contribution et deux d'entre eux connaîtront une gloire particulière, la physique nucléaire et le domaine du calcul et du traitement de l'information. On aurait tort toutefois de réduire l'apport de la science aux seules sciences exactes. La psychologie, mais aussi les techniques de propagande et de désinformation, sont

---

13. Brigitte Schroeder-Gudehus, *op. cit.*, p. 18.
14. « La protestation des intellectuels allemands », *Journal des Débats*, 12 octobre 1914, p. 2, cité par Brigitte Schroeder-Gudehus, *op. cit.*
15. *Ibid.*, p. 73.

massivement utilisées par tous les protagonistes, dès la Première Guerre mondiale. Dans l'ensemble, toutes les techniques de communication vont être utilisées, dans un contexte de mobilisation générale de la science.

La militarisation de la science

L'explosion au Japon des deux premières bombes atomiques – outre le fait qu'elle provoque une cassure au sein de la communauté scientifique – représente le moment clé de l'effondrement de l'image traditionnelle de la science dans l'opinion. L'homme de science, bien qu'il soit souvent proche du pouvoir, a longtemps été dans l'imagination populaire, sans doute en partie largement abusée sur ce point, un « homme de paix ». Sa participation directe aux massacres commis pendant la guerre l'éjecte brutalement de ce piédestal confortable.

Contrairement à ce que l'on croit généralement, ce ne sont pas les politiques qui ont « commandé » la bombe aux scientifiques, mais exactement l'inverse. Léo Slizard et Enrico Fermi, tout deux physiciens, durent en fait déployer une grande énergie pour convaincre les autorités alliées, d'une part, de la puissance destructrice potentielle de l'atome ainsi « libéré », d'autre part de l'avancée, réelle et supposée, des physiciens allemands dans ce domaine. Il fallut finalement l'appui d'Einstein pour qu'un financement préalable puisse être obtenu. Slizard et Fermi ont l'un et l'autre, il est vrai, d'excellentes raisons de craindre l'avancée du nazisme et du fascisme, qu'ils avaient fui au moment des premières persécutions raciales. Une fois le gouvernement américain convaincu, le projet dit « Manhattan[16] » prit une énorme ampleur. Il mobilisa dans le plus grand secret plusieurs milliers de scientifiques et de techniciens (100 000 personnes en tout) regroupés dans un gigantesque laboratoire-usine dont l'objectif était la production le plus rapidement possible de plusieurs bombes A.

Au bout du compte, malgré l'argumentation désespérée de nombreux experts qui pensent qu'une démonstration dans un désert en présence d'émissaires japonais suffirait à les décider à la capitulation, le gouvernement américain décide l'emploi

---

16. Peter Pringle et James Spigelman, *Les Barons de l'atome*, Seuil, Paris, 1982.

de la bombe contre les objectifs civils d'Hiroshima et de Nagasaki dès les premiers jours de 1945, causant plusieurs centaines de milliers de victimes en tout. Jamais la science n'avait, en aussi peu de temps, tué autant de personnes.

Les scientifiques ont ainsi été intégrés, pendant la guerre, au système militariste qui tend à s'installer en maître au cœur même des démocraties libérales. L'exemple du projet *Manhattan* est significative de la façon dont l'autonomie relative dont jouissaient jusque-là les chercheurs, tant dans la définition de leurs sujets de recherches que dans l'organisation du travail scientifique lui-même, fait désormais partie du passé. Le fameux général Groves, commandant l'opération, mit tout son génie – qui était abondant sur ce point précis – à construire une organisation sociale qui devait subordonner les scientifiques à l'appareil et surtout aux valeurs militaires.

Ainsi le projet *Manhattan*, au-delà de ses conséquences meurtrières, fut-il un modèle convaincant et opérationnel de la mise en place d'une soumission constante de la recherche scientifique au système politico-militaire. De nombreux scientifiques – dont von Neumann qui devait un peu plus tard inventer l'ordinateur – sont alors mobilisés comme conseillers scientifiques du gouvernement pour toutes les questions stratégiques associées à l'emploi du nucléaire. En échange, il est vrai, la physique et sa branche nucléaire avaient accompli un pas de géant, grâce aux financements quasi illimités dont de tels programmes de recherche pouvaient désormais bénéficier.

La mobilisation des mathématiciens

L'autre branche particulièrement sollicitée pendant la guerre est le domaine des mathématiques appliquées, du calcul et du traitement de l'information sous toutes ses formes. La guerre « moderne » – une guerre peut-elle être vraiment « moderne » ? – est en effet de plus en plus indirecte, dans la mesure où l'on ne voit plus son ennemi. Il faut donc pouvoir en permanence reconstituer sa position, imaginer ses mouvements, diriger ses coups vers lui sans jamais l'apercevoir. Le calcul va ainsi se substituer progressivement à la perception humaine. L'innovation a lieu dans deux directions principales : le développement des machines mathématiques, qui répondent aux besoins de calculs toujours croissants, et le développement de modèles de compréhension et de décision pour des situations trop complexes pour être appréhendées directement par l'esprit humain.

Les mathématiciens font beaucoup d'efforts pour ne pas considérer que les mathématiques « appliquées » font partie de leur domaine. Il n'en reste pas moins – et ces efforts sont à la mesure de ce sentiment – que le choc, là aussi, est rude : la science la plus « pure », la plus « désintéressée » et en apparence la plus désincarnée, plonge elle aussi dans les abîmes fangeux du conflit mondial qui emporte tout sur son passage. L'artisan de cette implication majeure des mathématiques dans la guerre est von Neumann, qui est à la fois l'un des meilleurs mathématiciens du siècle, le créateur de la « théorie des jeux », qui aura des applications stratégiques militaires, et l'inventeur de l'ordinateur [17].

Une autre implication concrète des nouvelles machines mathématiques électroniques est l'activité des « briseurs de codes » américains et surtout anglais, avec à leur tête le mathématicien Alan Turing, par ailleurs l'un des fondateurs de l'informatique moderne. Son activité comme « décrypteur en chef » pendant la Seconde Guerre mondiale fut décisive dans le domaine des communications militaires. Le travail de Turing et la façon dont son destin personnel y fut associé sont révélateurs de la façon dont la science s'est transformée sous l'impulsion de la guerre. Turing a le sentiment, au début, de travailler « pour une bonne cause ». En fait, en rendant « transparentes » toutes les communications militaires allemandes, il contribue à sauver des milliers de vies de soldats alliés. Rapidement son travail, ultra-secret, est dirigé par les militaires qui assurent à la fois l'autorité hiérarchique et l'attribution des fonds.

A la fin de la guerre, Turing, qui est pourtant, selon les critères de l'*establishment* politico-militaire, un véritable héros national, sera pourchassé pour son homosexualité. Condamné par la justice à la stérilisation, il se suicide en mangeant une pomme qu'il a lui-même empoisonnée [18]. Son exemple est significatif de la profonde méfiance dans laquelle les militaires tenaient les scientifiques, dont l'esprit libre et

---

17. Voir à ce sujet Steve J. HEIMS, *John Von Neumann and Norbert Wiener*, MIT Press, Cambridge, Mass., 1982.
18. Andrew HODGES, *op. cit.*

universaliste constituait une insulte au regard des valeurs militaires.

Une attitude ambiguë

Dans l'ensemble, l'attitude des chercheurs est à cette occasion pour le moins ambiguë. Alors qu'ils avaient fourni jusqu'à l'entre-deux-guerres les gros bataillons des militants pour la paix, la plupart de ceux que le général Groves appelait finement les « chevelus » se rangèrent en maugréant du côté de la main qui les nourrissait et leur permettait de développer leurs coûteuses recherches fondamentales – et aussi appliquées, bien sûr.

La demande des militaires était claire. Comme le résume l'économiste Oskar Morgenstern, celle-ci « n'était pas restreinte à la fabrication de nouvelles bombes, de meilleurs carburants ou de nouveaux systèmes de guidage, [...] mais elle incluait souvent l'usage tactique et stratégique à la fois des choses réalisées et des choses qui étaient simplement en prévision[19] ».

La majorité, à l'instar de von Neumann, s'engagea avec enthousiasme dans une collaboration où ils eurent beaucoup à gagner en tant qu'experts. Une petite minorité protesta théoriquement et pratiquement contre la soumission de la science à l'*establishment* militaire. Wiener, dès 1944, fait partie de cette minorité. Il développe alors l'idée que « c'est la responsabilité des scientifiques comme créateurs d'évaluer les circonstances politiques et sociales qu'ils jugent les plus appropriées pour mettre ou non le résultat de leurs travaux dans les mains des dirigeants politiques[20] ». Sa position sur ce point est aussi claire que radicale : les scientifiques doivent contrôler l'usage social qui est fait de la science. Il mettra son point de vue en application avant même que la guerre soit terminée. Son refus de participer à un colloque sur les ordinateurs ultra-rapides à Harvard parce qu'il était subventionné par l'armée devint rapidement populaire, même si sa position resta minoritaire dans la communauté scientifique. Il donna, avec le soutien d'Einstein, de nombreuses conférences dans ce sens, pour fustiger ce qu'il appela « la névrose

---

19. Steve J. HEIMS, *op. cit.*, p. 314.
20. *Ibid.*, p. 334.

d'angoisse de la guerre scientifique [qui] nous traque afin de nous précipiter dans l'océan de notre propre destruction[21] ».

Malgré cette implication dramatique de la science dans le conflit, ou plutôt d'une certaine façon grâce à elle, les scientifiques sont investis d'une grande légitimité pour prendre en charge les affaires du monde. C'est d'eux, en partie, qu'on attend les fondations de la nouvelle société d'après guerre. Leur position d'expert est vécue comme « neutre » et « objective », en tout cas loin des idéologies partisanes, et leur capacité de réflexion sur le monde semble de ce fait entièrement préservée.

L'attitude très critique de beaucoup de scientifiques à l'égard de l'emploi de la bombe renforce considérablement cette attente à leur égard puisqu'ils ont « prouvé » en même temps leur puissance (ils ont découvert des outils de destruction diaboliques) et leur sagesse (ils se sont opposés à leur emploi). Les cybernéticiens vont très précisément coller à cette attente, eux que leur sensibilité et leur sentiment de responsabilité envers le monde conduisent justement à mettre au point la notion moderne de communication et à penser, corrélativement, les conditions de son usage.

---

21. Norbert WIENER, *op. cit.*, p. 181.

II
La crise des valeurs et la montée de l'utopie

3

La formation d'une nouvelle utopie

L'idée d'une « société de communication » voit le jour dans les tourmentes du milieu du XXᵉ siècle. Plus précisément encore, les théories de la communication émergent à partir de 1942, date qui marque le basculement définitif du conflit mondial dans la barbarie. Toute enquête dans cette direction ne doit-elle pas prendre en compte cette apparente coïncidence et tenir compte d'un contexte où le lien social a été menacé en profondeur ?

Plusieurs indices nous mettent sur la voie des liens souterrains qui pourraient exister entre la guerre qui secoue le milieu du XXᵉ siècle, la montée des techniques de communication et la formation d'une nouvelle utopie autour de la communication. Wiener insiste beaucoup sur le « naufrage » qui, selon lui, guette la société. L'association de ces deux sommets de la barbarie que sont, d'une part, les camps de concentration et, d'autre part, l'usage de la bombe atomique est pour lui le fruit d'une conception globale de la société qui ne peut conduire qu'à sa décadence. L'idée utopique d'une société de communication idéale va naître comme une tentative de réponse, de ce point de vue, à une question contemporaine.

Tout cela conduit notre enquête sur une piste jusqu'à présent peu explorée : la notion de communication, née à l'intérieur des strictes frontières du monde scientifique et qui aurait pu y rester cantonnée, ne prend-elle pas toute sa force moderne, toute sa charge utopique, du fait de sa rencontre avec un contexte historique particulier ? Avant d'examiner comment les grands thèmes contemporains de la communication vont se diffuser suite à cette rencontre, il est nécessaire de mettre ici en parallèle le contenu précis que Wiener donne à la nouvelle utopie et, plus globalement, le contexte avec lequel ces nouvelles théories vont entrer en résonance.

Le projet utopique qui se noue autour de la communication est ambitieux. Il se développe à trois niveaux : une société idéale, une autre définition anthropologique de l'homme, la promotion de la communication comme valeur. Ces trois niveaux se concentrent autour du thème d'un homme nouveau que l'on appellera ici l'*Homo communicans*. Cet homme nouveau ne correspond à rien de moins, dans la perspective de Wiener, qu'à la tentative de recoller, avec les matériaux du bord, les morceaux qu'une civilisation en déroute avait fait éclater dans un grand maelström entropique. L'*Homo communicans* est un être sans intériorité et sans corps, qui vit dans une société sans secret, un être tout entier tourné vers le social, qui n'existe qu'à travers l'information et l'échange, dans une société rendue transparente grâce aux nouvelles « machines à communiquer ». Ces qualités de l'homme de la communication, qui contribue à nourrir l'idéal de l'homme moderne, apparaissent comme autant d'alternatives à la dégradation de l'humain qu'a produite la tourmente du XXe siècle.

Wiener a-t-il conscience d'être un utopiste ? Il est probable que non. Dans sa conception des choses, il ne fait qu'exercer là sa responsabilité de savant. Son ouvrage clé, *The Human Use of Human Beings*, s'inscrit pourtant bien dans la longue tradition des ouvrages utopistes. Les analyses et les propositions qu'il contient répondent parfaitement à la définition que donne Lesjek Kolakowski de l'utopie, qui est « la foi en une société où non seulement les sources du mal, du conflit ou de l'agression sont écartées mais où se réalise une réconciliation totale entre ce que l'homme est, ce qu'il devient et ce qui l'entoure », une triple croyance « que l'avenir, de façon mystérieuse, serait déjà là, [...] que nous disposerions d'une méthode de pensée et d'action sûre, susceptible de nous conduire vers une société libre de défauts, de conflits et d'insatisfactions, [...] et que nous saurions ce que l'homme est réellement, par opposition à ce qu'il croit être[1] ». Le programme de Wiener correspond, presque point par point, à cette définition, jusqu'au titre « L'usage humain des êtres

---

[1]. Cité par Gilles LAPOUGE, *op. cit.*, p. 278-279.

humains » que l'on ne comprendrait pas hors de son contexte utopique – le problème de toutes les utopies est bien de « faire quelque chose avec l'homme ».

Bien sûr, le livre ne décrit pas, dans le détail, ce que devrait être une société de communication. Il diffère sur ce point des ouvrages des autres utopistes, reconnaissables à leur souci maniaque d'organiser le moindre détail de la vie future. Son point de vue n'en est, d'une certaine façon, que plus radical. Là où les utopistes s'étaient beaucoup intéressés à l'urbanisme et à la cité, comme moyen supérieur d'organiser la vie et les mœurs des hommes, Wiener s'inquiète d'une question plus subtile : l'architecture du lien social. La nouvelle architecture va privilégier, comme jamais sans doute cela n'avait été le cas jusque-là, la « transparence », maître mot pour comprendre les fondements de la société moderne, grande maison de verre où tout se sait sur tout, du moins dans l'idéal.

Un « homme nouveau »

Les nouvelles conceptions s'articulent ici autour de deux principes. Tout être qui communique à un certain niveau de complexité est digne de se voir reconnaître une existence en tant qu'être social. Ensuite, ce n'est pas le corps biologique qui fonde cette existence en tant qu'être social mais bien la nature « informationnelle » de l'être en question. D'une certaine façon, avec la communication, il n'y a plus d'« être humain », mais plutôt des « êtres sociaux », entièrement définis par leurs capacités à communiquer socialement.

Wiener est à l'origine du « recentrage » qui permet de caractériser l'homme non pas en tant que sujet individuel mais bien à partir de son activité d'échange social. En rejetant la question du sujet en tant qu'individu isolé et en la déplaçant vers l'activité sociale d'échange, le père de la cybernétique fonde ainsi une nouvelle vision de l'égalité. Il jette les bases d'une nouvelle anthropologie dont Gregory Bateson sera l'un des plus fidèles constructeurs. Dans cette perspective, tous les êtres communicants ont un statut anthropologique comparable, pourvu qu'ils soient au même niveau de complexité.

La nouvelle « humanité » concerne ainsi tous les hommes, mais elle peut s'étendre, du même coup, à tous les êtres qui sont candidats au statut de « partenaire communicant » à part entière. On voit bien sur ce point que la nouvelle pensée anthropologique n'est pas une pensée humaniste et qu'elle ne place pas l'homme au centre de toute chose. La « vie » n'est plus dans la biologie, mais dans la « communication ».

L'« homme de Wiener »

Qu'est-ce qu'un homme ? A cette question, immense par les enjeux qu'elle recouvre et insondable par les zones d'ombre et les mystères qu'elle recèle, Wiener proposait une réponse tout entière en termes d'information et de communication : « L'identité physique de l'individu ne consiste pas dans la matière dont il se compose [...] L'individualité du corps est celle de la flamme plutôt que celle de la pierre, celle d'une forme plutôt que celle d'un fragment de matière. Cette forme peut être transmise et modifiée, ou doublée, bien qu'à présent nous ne puissions la doubler que sur une courte distance. Quand une cellule se divise, ou quand l'un des gènes qui portent notre patrimoine corporel et mental est scindé pour préparer la division réduite d'une cellule germinative, nous constatons une séparation de matière conditionnée par le pouvoir de se reproduire que possède un modèle de tissu vivant. S'il en est ainsi, il n'existe pas de ligne fondamentale absolue de démarcation entre les genres de transmission utilisables pour envoyer un télégramme d'un pays à un autre et les genres de transmission possibles théoriquement pour un organisme vivant tel que l'être humain. [...] Un modèle peut être transmis comme un message, nous employons notre radio pour transmettre des modèles de son, et notre poste de télévision pour transmettre des modèles de lumière. Il est aussi amusant qu'instructif de considérer ce qu'il arriverait si nous avions à transmettre le modèle entier du corps humain avec ses souvenirs, ses communications croisées, de sorte qu'un récepteur instrumental hypothétique pourrait réorganiser convenablement ces messages et serait capable de poursuivre les processus préexistant dans le corps et dans l'esprit. [...] Le fait que nous ne pouvons pas télégraphier d'un endroit à un autre le modèle d'un homme est dû probablement à des obstacles techniques [...] il ne résulte pas d'une impossibilité quelconque de l'idée elle-même[2]. »

Cette position, on le voit, porte la marque indélébile de l'utopie et de sa radicalité absolue. L'être est tout entier constitué d'information. Il n'y a aucun reste. En tant que tel l'être est donc manipulable, opérable, transférable, pour peu – ce qui n'est d'ailleurs pas plus le cas aujourd'hui que lorsque Wiener écrit – qu'on connaisse les lois qui organisent cette information-là.

On ne peut donc comprendre l'homme que si on le regarde comme un « être communicant ». « Être vivant, disait encore Wiener, c'est participer à un courant continu d'influences venant du monde extérieur et d'actes agissant sur celui-ci, dans lequel nous ne représentons qu'un stade intermédiaire. Avoir pleinement conscience des événements dans le monde, c'est participer au développement constant de la connaissance et à un libre échange de celle-ci[3]. » Décrire l'homme comme pris dans un courant continu d'échanges, de relations avec le monde extérieur, implique qu'il ne cesse jamais de communiquer. Ainsi c'est tout son être qui est impliqué dans cette activité, dans laquelle il n'est au bout du compte qu'un « stade intermédiaire ». L'expression n'est certes pas très belle, mais elle a le mérite de rendre compte clairement de ce recentrage dont l'homme est l'objet. Il n'est plus en tant qu'être un centre d'où tout part et où tout revient, comme dans les conceptions classiques, mais il représente un élément intermédiaire du vaste processus de communications croisées qui caractérise une société.

Dans cette perspective, tout « emploi » de l'homme qui n'utilise pas à plein cette faculté fondamentale est dégradant : « L'avenir terrestre ne sera pas prolongé si l'être humain ne s'élève pas au niveau intégral de ses pouvoirs innés. Pour nous, être moins qu'un homme, c'est être moins que vivant. Ceux qui ne sont pas pleinement vivants ne vivent pas longtemps, même dans leur monde d'ombres. J'ai indiqué [...] que, pour l'homme, être vivant équivalait à participer à un large système mondial de communication[4]. »

La communication nous introduit ainsi directement à une pensée de l'homme, non pas en termes de qualités intrinsè-

---

2. Norbert WIENER, *Cybernétique et société*, 10/18, Paris, 1954, p. 141-144.
3. Norbert WIENER, *op. cit.* (1952), p. 173.
4. *Ibid.*, p. 269.

ques, mais dans son rapport avec d'autres « êtres », en l'occurrence artificiels. En résumé, l'« homme de Wiener » est tout entier défini en termes de comportement d'échange d'information, il n'a pas d'intériorité, et se trouve potentiellement en concurrence directe avec d'autres êtres, qui risquent de le battre sur le terrain de la complexité. Aucun des discours qui conféreront à la communication le titre de valeur centrale ne s'écartera par la suite de ce programme originel. L'homme de Wiener va ainsi constituer les bases de l'« homme moderne » idéal, celui auquel notre culture contemporaine fait constamment référence.

L'Homo communicans, *un être sans intérieur*

Au XIXᵉ siècle et jusqu'à la remise en question des valeurs qui caractérise la seconde moitié du XXᵉ siècle, l'image centrale qui permettait de penser l'homme reposait sur la métaphore de l'intériorité. L'homme était un être, à la différence de tous les autres êtres de la création, qui était doté d'un « intérieur », lieu privé, dont la localisation était bien sûr indéfinie, mais dont le contenu déterminait la personnalité.

L'homme de l'humanisme classique est un homme « dirigé de l'intérieur ». De cette conception découlent des schémas comme celui de la « profondeur des sentiments » ou de la « richesse de la vie intérieure ». Freud contribuera, par sa « découverte » de l'inconscient, à nourrir cette conception de l'être humain comme « agi de l'intérieur ». La force de l'apport de Freud à cette métaphore tient sans doute aux emprunts qu'il fait à la culture scientifique, tout entière irriguée alors par le paradigme énergétique. Dès lors l'inconscient atteint le maximum de syncrétisme, comme toutes les grandes notions qui arrivent à avoir un pied dans les humanités et l'autre dans la culture scientifique. Comme le souligne très justement la psychologue américaine Sherry Turkle [5], que l'on ait lu ou non Freud, que l'on connaisse l'existence même de ses théories, n'a pas d'importance : l'inconscient, cet espace intérieur en partie inconnaissable mais néanmoins source d'une énergie puissante, fait partie de la culture au titre de métaphore centrale pour se représenter ce qu'est un être humain.

---

5. Sherry TURKLE, *Les Enfants de l'ordinateur*, Denoël, Paris, 1986.

La nouvelle utopie fournit en effet une métaphore alternative à l'homme « dirigé de l'intérieur » : l'« homme nouveau », l'homme moderne, est d'abord un « être communicant ». Son intérieur est tout entier à l'extérieur. Les messages qu'il reçoit ne lui viennent pas d'une intériorité mythique mais plutôt de son « environnement ». Il n'agit pas, il réagit, et il ne réagit pas à une action, il « réagit à une réaction » (c'est ainsi que Gregory Bateson définit le lien social).

L'un des annonciateurs de la modernité, Jules Verne, inaugurera d'ailleurs la déstabilisation de cette métaphore dans un ouvrage frappant pour l'imagination du XIXe siècle, *Voyage au centre de la Terre*. On se souvient que dans cette fiction l'intérieur de la planète Terre, lieu tout à la fois privé et non dénué d'influence sur la surface des choses, cède son mystère devant l'avancée d'une expédition que le caractère scientifique de ses motivations dispense de toute référence au respect des valeurs et de la « vie intérieure ». Le comble de cette situation est que nos explorateurs découvrent que l'intérieur est comme l'extérieur : au fond des souterrains les plus profonds qui conduisent au centre de la Terre, on ne découvre finalement que lacs, mers, tempêtes, animaux, bref tous les ingrédients de l'humanité, simplement sous une version un peu plus archaïque. L'intérieur, en perdant de son mystère, est « mis à l'extérieur ». Un nouveau jeu métaphorique se construit dès lors autour d'un réseau de significations où l'image, la forme, l'apparence vont être de plus en plus valorisées et où surtout ce sont les mêmes termes qui serviront à décrire ce qui se passe dans l'homme et ses comportements externes.

Le mystère, en même temps que le rôle charnière, d'un auteur comme Gaston Bachelard tient sans doute, de ce point de vue, à ce qu'il incarne au sein d'une même œuvre deux points de vue radicalement opposés sur cette question de l'intériorité. L'image que nous nous formons du réel est pour lui, d'un côté (dans son œuvre scientifique), un reflet du réel extérieur. Mais pour l'autre Bachelard, qui nous parle pourtant du même réel, cette image est d'abord une « image imaginée », « sublimation des archétypes (inconscients) plutôt que des reproductions de la réalité[6] ». L'œuvre de Bachelard, qui écrit ce texte immédiatement après la guerre, consti-

---

6. Gaston BACHELARD, *La Terre et les rêveries de la volonté*, Librairie José Corti, Paris, 1948, p. 4.

tue un des points de passage où la culture transforme la représentation de l'homme dont elle est porteuse.

L'« homme nouveau » qui sort des décombres du milieu du XXe siècle est, par une sorte d'antithèse, un homme « dirigé de l'extérieur ». Il tire son énergie et sa substance vitale non de qualités intrinsèques qui viendraient du fond de lui-même, mais de sa capacité, comme individu « branché », connecté à de « vastes systèmes de communication », à collecter, à traiter, à analyser l'information dont il a besoin pour vivre.

N'étant plus guidé de l'intérieur, ne recherchant plus la légitimité de l'acte ou de la décision dans une correspondance avec une intuition intérieure ou une harmonie interne, la recherche des valeurs se tourne vers l'extérieur, vers les modèles de communication et de comportement qui sont autant de boussoles, de points de repère pour se conduire dans le monde. Le rôle des médias est ainsi dessiné en creux, comme l'outil essentiel qui permet à l'homme de réagir de façon appropriée aux réactions qui l'entourent. La suppression de l'intériorité dans les représentations de l'homme constitue ainsi une des clefs de voûte de la communication moderne.

L'apologie de la pensée rationnelle

Pour comprendre cette conception et éviter tout contresens, il faut éviter de considérer la nouvelle utopie comme une tentative de dévalorisation de la pensée. Il s'agit plutôt, très paradoxalement, d'un double déplacement de l'identité de l'homme : à la fois une dévalorisation du corps et une revalorisation de la pensée, en premier lieu de la pensée rationnelle. La représentation de l'homme comme « être communicant » est étroitement associée à la métaphore qui établit un lien entre le cerveau humain et l'ordinateur, être évidemment sans corps. Ce qui distingue l'homme social d'un simple individu pavlovien, qui se contenterait de réagir à des stimulus sociaux, serait sa capacité à mettre en œuvre des processus mentaux. Ceux-ci n'ont bien sûr rien à voir avec la « métaphysique » de l'intériorité et notamment avec ses versions les plus romantiques dans le cadre desquelles l'homme « ne sait pas ce qu'il fait » car « il est poussé par des forces intérieures obscures ».

Les processus mentaux dont il est question ici relèvent du

raisonnement conçu comme un calcul[7]. Ils sont mis en œuvre dans la clarté et la transparence, du moins autant que faire se peut. L'intelligence est en effet, dans cette perspective, non pas une qualité du sujet individuel mais la capacité de développer la communication à un certain niveau de complexité. Comme beaucoup de scientifiques, Wiener, à l'instar de Turing et de von Neumann, est persuadé que la pensée, comme action communicante, est un calcul, et que les modalités d'effectuation de ce calcul sont d'une part indépendantes du support biologique, et d'autre part transférables à d'autres « dispositifs » ou « supports », naturels ou artificiels.

La pensée de l'homme est une qualité qui ne lui appartient donc pas en propre puisqu'elle est transférable en dehors de la personne. Dans cette conception, les lois de la pensée sont des lois générales, indépendantes de leur contexte de production humain. La revalorisation de la pensée est un projet qui était très largement explicite dans la volonté de construire des dispositifs de raisonnement artificiel, par l'intermédiaire des ordinateurs, qui dépassent les performances de l'esprit (*mind*) humain.

Les « machines à communiquer »

Le processus de formation de la communication comme valeur va s'enrichir en s'étendant vers de nouveaux territoires plus proches de la technique : les machines. Nous l'avons vu, toute une série de dispositifs sont inventés, dans les années quarante, pour automatiser des fonctions de commande et de « décision » qui étaient jusque-là l'apanage de l'homme. Wiener évoque ainsi le fait que, dans de tels dispositifs, « les parties de la machine doivent communiquer entre elles au moyen d'un langage approprié, sans parler à personne ni écouter quiconque » et il conclut de cela que « cet élément contribua à l'acceptation générale d'une extension de l'idée de communication aux machines[8] ».

Les machines ont droit, depuis 1942, au statut d'« êtres communicants » qui peuvent se comparer à l'homme, sur le terrain de la communication, c'est-à-dire sur l'essentiel : « Je

---

[7]. Sur la montée du paradigme du calcul dans la culture occidentale, on lira avec profit l'ouvrage de Pierre LÉVY, *La Machine Univers*, La Découverte, Paris, 1987.
[8]. Norbert WIENER, *op. cit.* (1952), p. 223.

soutiens, dit Wiener, que le fonctionnement de l'individu vivant et celui de quelques machines très récentes de transmission sont précisément parallèles ; [...] ce complexe du comportement est ignoré de l'homme moyen, et, en particulier, il ne joue pas le rôle qu'il devrait tenir dans notre analyse habituelle de la société[9]. » On retrouve là l'un des thèmes favoris de la nouvelle utopie, l'idée selon laquelle le rôle que joue la communication dans les processus vitaux de la société est largement sous-estimé.

Pour lui, cette absence de reconnaissance est dramatique, car elle conduit non seulement à une perte de potentialité, mais, plus dramatiquement, à un accroissement de l'entropie. Son discours sur les machines est de ce point de vue parallèle à son discours sur l'homme, au sens où il y aurait un « usage non intelligent des machines intelligentes ». Dans une telle perspective « la machine, de même que l'organisme vivant, peut être considérée comme un dispositif qui semble, localement et temporairement, résister à la tendance générale à l'accroissement de l'entropie. Par sa capacité à prendre des décisions, elle peut produire autour d'elle une zone d'organisation dans un monde dont la tendance générale est de se désorganiser[10] ».

Cette croyance en la possibilité pour les machines de devenir « intelligentes » va être un des aspects essentiels du mythe fondateur de notre modernité. La recherche par les scientifiques d'une « intelligence artificielle » est d'ailleurs agitée par les soubresauts de l'utopie. Depuis 1945, selon Dreyfus[11], un cycle sans fin se déroule dans ce domaine de la recherche, où l'on voit se succéder, tour à tour, les espoirs les plus fous et les abattements les plus terribles.

Une société de communication

Parallèlement à ce nouveau concept d'humanité, va naître le thème d'une nouvelle société où, comme le disait Wiener, « la communication doit avoir l'étendue qu'elle mérite à bon droit comme phénomène central ». Cette nouvelle vision du

---

9. Norbert WIENER, *op. cit.* (1952), p. 28.
10. Norbert WIENER, *op. cit.* (1954) p. 41.
11. Hubert DREYFUS, *Intelligence artificielle, mythes et limites*, Flammarion, Paris, 1984.

politique va constituer la base d'une véritable alternative aux idéologies politiques traditionnelles, au sens où elle est le fruit d'une utopie sans ennemi. Ce point est essentiel au dispositif moderne de la communication et explique sans doute en partie son succès. Pour la première fois peut-être depuis que le principe d'utopie est à l'œuvre, on imagine une société nouvelle dont la construction ne requiert pas une purification préalable, puisque son principe de fonctionnement est justement, non pas l'antagonisme ou le conflit, mais la communication et le consensus rationnel. Tout le monde, sans exception, fait partie de la société de communication, puisque la vigueur de cette société tient justement à sa capacité de libérer les forces communicationnelles qui sont en son sein. C'est du fait de communiquer, du simple fait de communiquer le plus activement possible, que viendra la libération de la société, du moins le fait que la société ne sombre pas immédiatement dans un vaste naufrage entropique.

Cette société est sans ennemi humain mais cela ne signifie pas qu'elle ne s'oppose pas, pour sa survie, à des facteurs menaçants. L'utopie de la communication reste malgré tout une utopie de combat, mais ses forces ne sont pas dirigées contre certains hommes qu'il faudrait exclure pour garantir le progrès. Son seul ennemi est non humain, c'est le « bruit », l'entropie, ennemi qui n'est pas sans influence, qui menace même de dominer le monde et que seule la « libre circulation de l'information » permet de contenir. On comprend mieux qu'au sortir d'une longue période d'affrontements meurtriers, mettant aux prises des idéologies dont le ressort est l'exclusion, une telle utopie puisse disposer *a priori* d'un certain capital de sympathie et puisse avoir quelque résonance dans une opinion éclairée.

La nouvelle société s'articule autour du thème fondamental de la transparence sociale, qui concerne indissociablement l'homme et la société. Ce thème, comme le remarque Lapouge[12], est à la base de tout projet utopique[13]. La transparence de l'homme est ici acquise par la comparaison, qui dépasse le simple cadre métaphorique, entre l'esprit humain et l'ordinateur. L'homme, dans une perspective communicationnelle, n'est pas seulement décorporalisé. On manquerait un trait essentiel de la nouvelle conception si l'on ne voyait

---
12. Gilles LAPOUGE, *op. cit.*
13. Voir à ce sujet les travaux de Michel Foucault.

pas que le lien social à base de communication laisse finalement peu de place à l'individu : celui-ci n'est plus un acteur individuel, c'est un réacteur. Il prend place dans le grand courant de la communication – où les « machines intelligentes » sont autant de partenaires – et sa pensée individuelle n'est plus distinguable en tant que telle. Le lien social fonctionne sur la base de la raison, du calcul – son modèle devient l'ordinateur – et du même coup le jeu social devient un jeu à information complète.

Il n'y a donc plus un niveau où agirait l'individu et un niveau qui serait celui de la société : l'un et l'autre sont fondus dans un lien social moderne unitaire. C'est la transparence qui permet cette fusion : grâce à la communication, l'homme est transparent à la société et la société est transparente pour l'homme. Les médias modernes fonderont leur politique d'expansion sur le thème : rien, nulle part, ne doit jamais plus rester secret.

L'« anarchisme rationnel »

Quel est en effet le mode de gestion politique d'une telle société ? Le « programme » de Wiener comporte trois grands impératifs : d'abord la nécessité absolue que l'homme soit reconnu comme être communicant et que ses facultés soient utilisées dans ce sens, ensuite que les machines aient dans la société le statut qu'elles méritent et qu'on transfère vers elles la responsabilité des processus de commande et de décision, enfin que la société s'autorégule, grâce à la rétroaction et au caractère ouvert des voies de communication.

Ce programme politique qui érige la communication comme valeur centrale rappelle fortement les thèses anarchistes puisqu'il dessine les plans d'une société sans État, d'où le pouvoir comme mode d'exercice du gouvernement est banni. Mais cet anarchisme a une forte connotation rationnelle parce que les décisions, dans une telle société, sont prises sur le mode de la raison, et de préférence par des machines.

Wiener critique ainsi les modes d'organisation territoriale qui privilégient les ensembles trop vastes, pour soutenir l'idée selon laquelle les petites communautés de vie ont des capacités de régulation plus importantes. Les prémisses du *small is beautiful*, le slogan des années soixante-dix, sont là, intimement liées à la pensée politique de Wiener. Parallèlement à l'apologie des petites unités de vie conviviales (le mot ne viendra qu'après, avec Illich), Wiener évoque la possibilité d'un État mondial, mais celui-ci ne serait que fonctionnel : « Le vaste Empire romain ne fut possible qu'en raison des progrès des Romains dans la construction des routes. Ces voies servaient à transporter les légions, mais aussi l'autorité de l'empereur. De nos jours avec l'avion, la radio, la parole des gouvernants s'étend aux extrémités du globe et un grand nombre des raisons qui s'opposaient autrefois à l'existence d'un État mondial ont été annulées. On peut même affirmer que la communication moderne, qui nous oblige à régler juridiquement les revendications internationales des différents systèmes de radiodiffusion et divers réseaux aériens, a rendu inévitable l'État mondial [14]. »

Les structures de cet État mondial n'ont rien à voir en effet avec un quelconque système centralisé du haut duquel s'exercerait un pouvoir arbitraire. En évoquant cette nouvelle forme d'organisation mondiale, Wiener pense plutôt à un roman de Kipling – qui par ailleurs n'était pas précisément un démocrate –, écrit autour de 1905, et qui décrit un monde où le transport a uni la Terre et où la guerre n'existe plus. Dans un tel monde, toutes les affaires internationales se trouvent entre les mains de l'« organisme de contrôle aérien » qui a pris en charge progressivement les transports et au bout du compte « tout ce que cela implique ».

La société de communication, tout entière constituée de réseaux d'information, apparaît ainsi comme autorégulée politiquement. Cela n'est pas sans rappeler certains accents des théories anarchistes du XIXe siècle. On y trouve le même souci de l'organisation de la vie en petites communautés, le même ressentiment contre l'État et toute forme hiérarchique d'organisation du pouvoir, la même critique, finalement, du pouvoir comme modalité d'interaction entre les hommes, le même pacifisme. La communauté de pensée, sur certains points, est frappante. Proudhon par exemple a la même préoccupation de lutter contre la verticalité, lorsqu'il oppose « l'ordre naturel », qui est « l'unité vraie » que va révéler la société sans État, et « l'ordre artificiel imposé d'en haut, fausse unité qu'engendre la contrainte [15] ».

Voline, anarchiste russe (1882-1945), oppose lui aussi les

---
14. Norbert WIENER, *op. cit.* (1952), p. 134.
15. Cité par Daniel GUÉRIN, *L'Anarchisme*, Gallimard, Paris, 1965, p. 50.

deux sociétés, l'actuelle et la « future », avec des accents que nous retrouverons plus tard dans la bouche des techniciens influencés par l'utopie de la communication : « Il s'agit, écrit-il au début du siècle à propos de la société anarchiste, non pas d'"organisation" ou de "non-organisation", mais de deux principes différents d'organisation. [...] Cette organisation nouvelle [...] doit se faire librement, socialement et avant tout en partant de la base. Le principe d'organisation doit sortir, non d'un centre créé d'avance pour accaparer l'ensemble et s'imposer à lui, mais – ce qui est exactement le contraire – de tous les points, pour aboutir à des nœuds de coordination, centres naturels destinés à desservir tout ces points ; [...] tandis que l'autre "organisation", calquée sur celle d'une vieille société d'oppression et d'exploitation, [...] porterait à son paroxysme toutes les tares de la vieille société [16]. »

Le thème de la société de communication reprend à son compte, sans le savoir, l'idéal utopique de changement social qui avait commencé à s'exprimer un siècle auparavant. L'utopie de la communication se situe ainsi curieusement dans la lignée des théories du changement politique qui, au XIXe siècle, ne postulaient ni l'exclusion sociale ni le renforcement du rôle de l'État et qui étaient parties à la recherche d'autres formes de régulation sociale. Dans ce sens, la communication se nourrit d'un certain héritage anarchiste – on comprend mieux pourquoi, dans cette perspective, l'utopie de la communication va largement inspirer les théories contemporaines de l'autogestion. Elle s'en distingue toutefois par le type de régulation sociale qu'elle propose, qui s'articule autour du progrès technique et d'un rapport nouveau aux machines, mais aussi autour d'une autre définition de l'homme et du lien social.

---

16. Daniel GUÉRIN, *op. cit.*, p. 51.

4

La barbarie moderne et l'effondrement des valeurs

Que se passe-t-il dans le monde au moment où Wiener met au point la notion moderne de communication et surtout lorsqu'il construit, à partir de là, les fondements d'une nouvelle utopie ? Que reste-t-il, au sortir de la Seconde Guerre mondiale, en 1945, des représentations humanistes du Progrès et de l'Homme « centre et mesure de toute chose » ? Que reste-t-il de la fraternité comme base des rapports entre les hommes ? Que reste-t-il du savoir et de la culture, qui devait protéger à jamais les hommes contre leurs « instincts » barbares ?

Le siècle a enfanté à la place une des plus formidables menaces qui ait jamais pesé sur ce que les sociologues appellent le « lien social ». Le contrat ténu qui lie les hommes ensemble et leur permet de vivre en société a été rompu à plusieurs reprises. Au cœur de la menace de dissolution du lien social, qui préfigure le retour rapide à la barbarie, les libérateurs de 1945 découvrent ce à quoi personne n'avait finalement voulu croire, malgré les informations concordantes : l'existence d'un génocide organisé à l'échelle d'un continent. Une violence déchaînée dans le plus grand secret contre des hommes dont le seul tort avait été leur filiation, par des hommes qui croyaient, selon la formule de Pierre Legendre, pouvoir « tuer sans être appelés meurtriers ». Une violence sans folie, légitimée par la loi d'un État souverain, au nom d'une « purification » utopique de la société.

La barbarie qui dévaste les valeurs du XXe siècle n'est pas un simple retour en arrière de l'histoire. Il s'agit bien d'une barbarie moderne dont les traits sont spécifiques. Pour la première fois dans l'histoire, il y a eu non seulement une absence de résistance du politique à la barbarie mais même une convergence sur certains points essentiels, notamment le thème du progrès de la société par le retranchement d'une partie de ses membres.

Cet ébranlement fondamental du lien social va créer les conditions d'une transformation en profondeur des représentations de ce qu'est un homme. La faillite de l'humanisme, l'effondrement des valeurs, la perte de crédibilité qui va atteindre au bout du compte le politique tout entier vont laisser, de ce point de vue, un vide et un silence dans lesquels s'engouffreront les théories modernes de la communication, nées, justement, en 1942, moment clé où l'humanité bascule concrètement dans la barbarie absolue. Dans ce sens, sans que cela explique encore les raisons de leur succès, les thèses de Wiener arrivent, si l'on peut dire, à point nommé.

La « seconde guerre de Trente Ans »

Comment analyser la période qui s'écoule entre 1914 et 1945 et au sortir de laquelle la communication va progressivement s'imposer comme valeur ? L'historien classique sépare, distingue, analyse l'un après l'autre les événements. N'y a-t-il pas pourtant une unité d'ensemble là où, traditionnellement, on place d'un côté la guerre de 1914-1918, de l'autre la guerre de 1939-1945, là où la montée du nazisme paraît un phénomène étanche par rapport à l'instauration de la dictature bolchevique, là où d'un côté il y a les « massacres typiques de la barbarie fasciste » et de l'autre les « destructions regrettables mais nécessaires d'objectifs civils » ? Vu sous un certain angle, l'ensemble des faits qui se déroulent dans le monde tout au long de ces trente années ont une logique commune qui dépasse de loin l'analyse événementielle, même si chacun de ces événements peut renvoyer localement à des contextes différents et s'inscrit dans des histoires particulières.

La « seconde guerre de Trente Ans » – c'est-à-dire globalement l'ensemble des événements mondiaux qui se déroulent à partir du premier coup de feu de la guerre 1914-1918 jusqu'aux terribles explosions d'Hiroshima et de Nagasaki – est en effet un tout où se mêlent dramatiquement, d'un bout à l'autre de la planète, les affrontements nationalistes, l'explosion meurtrière du nazisme et du fascisme, la mise en œuvre du génocide contre les juifs et les Tziganes, l'implication des populations civiles comme victimes principales des conflits, les camps staliniens et les crimes commis au nom de l'idéologie communiste, l'incapacité des démocraties à mettre en œuvre un véritable humanisme et l'échec de l'utopie éducative, mais aussi l'usage massif des sciences et des techniques à des fins de destruction, l'invention et l'utilisation de techniques de propagandes dégradantes.

L'expression « guerre de Trente Ans du XXe siècle », employée aussi bien par l'historien américain Arno Mayer [1] que, plus précocement, par George Steiner [2], semble particulièrement appropriée pour désigner globalement ce moment décisif de l'histoire contemporaine. L'important ici est sans doute de voir que ces événements se sont enchaînés dans un vaste mouvement mondial et qu'ils ont correspondu, au bout du compte, à un effondrement massif des valeurs, au discrédit des idéologies traditionnelles et, peut-être, au plus vaste renouvellement culturel que l'humanité ait connu jusqu'à présent.

Si l'on accepte un instant de renoncer à voir dans cette période une simple accumulation de drames sans rapport les uns avec les autres ou une simple lutte opposant les bonnes démocraties aux mauvais totalitarismes, on voit qu'il y a là, au cœur du siècle qui avait mis le plus d'espoir dans le progrès et la connaissance, le déchaînement de la plus grande barbarie que l'humanité ait probablement jamais connue. Le pire étant sans doute que la plupart des crimes commis lors de cette période l'aient été au nom d'une légitimité raisonnée et consciente.

Comment un tel ensemble d'événements n'aurait-il pas eu un impact sur l'évolution des sociétés modernes ? Comment ne pas se demander s'il n'existe pas des liens souterrains entre ce traumatisme continu et répété et la formation d'une nouvelle idéologie à forte consonance utopique ? Ne faut-il pas interroger, comme le recommande George Steiner, « les correspondances étroites qui existent entre les structures de

---

[1]. Arno MAYER, « *La Solution finale* » *dans l'histoire*, La Découverte, Paris, 1990.
[2]. George STEINER, *Dans le château de Barbe-Bleue*, coll. « Folio essai », Gallimard, Paris, 1973.

l'inhumain et la matrice environnante des civilisations avancées [3] » ?

Malgré les milliers d'ouvrages et d'analyses historiques consacrés à cette période, peu d'entre eux, au bout du compte, établissent un lien entre la modernité telle que nous la connaissons aujourd'hui et cette longue fracture qui parcourt le début et le milieu du XXᵉ siècle. Les grands traits de ce qui fut l'activité humaine dans la période qui s'écoule de 1915 à 1945 font même l'objet d'un processus d'oubli récurrent : la « guerre de Trente Ans » est ainsi mise dans une sorte de musée, comme si, en 1945, la vie avait repris comme avant, comme s'il n'y avait eu qu'une simple suspension dans le temps, horrible et dramatique certes, mais bien finie maintenant. Comme si la modernité, justement, voulait nous faire oublier cette période insoutenable mais que l'on souhaiterait pouvoir considérer, au fond, comme une simple anomalie dans l'histoire du progrès humain.

George Steiner nous encourage à pousser la recherche dans cette direction : « Je trouve dérisoire toute théorie de la culture, toute analyse des conditions présentes qui ne place pas, au centre, les mécanismes de terreur qui menèrent à la mort, en Europe et en Russie, du début de la Première Guerre mondiale à la fin de la seconde, par la faim ou par des massacres systématiques, soixante-dix millions d'êtres humains [4]. »

Il y a sur ce point une coïncidence étrange : de la même façon que très peu d'auteurs se sont intéressés aux origines historiques de la « société de communication », l'analyse des conséquences de ce qui s'est passé au milieu du siècle sur la période actuelle n'a guère suscité de vocations. A une modernité sans cause et sans passé, semble correspondre une barbarie sans effet et sans futur. N'y a-t-il pas là un « chaînon manquant » dans notre mémoire ?

L'ensemble de la période peut être caractérisé, selon l'expression d'Arno Mayer, par « de nettes tendances au déséquilibre dynamique dans tous les grands systèmes de pensée et d'action [5] ». La séquence d'espoir qui avait nourri les rêves du XIXᵉ siècle débouche en effet sur une période marquée par la violence et la barbarie, dont ne sont victimes, au bout du

---

3. George STEINER, *op. cit.*, p. 40.
4. *Ibid.*
5. Arno MAYER, *op. cit.*

compte, notons-le, que très peu de militaires professionnels. Aux tués lors des conflits qui sont directement des affrontements militaires, il faut ajouter, à partir de 1917, les victimes nombreuses de la répression et de la fureur idéologique des régimes totalitaires. Enfin le génocide commis par les nazis occupe à la fois une position centrale dans cette longue « guerre de Trente Ans » et une place à part dans l'histoire, pourtant déjà lourdement chargée, de la barbarie humaine.

Le tournant de 1942

L'année 1942, celle où Wiener, justement, commence à proposer une « alternative », non seulement à la science classique, mais à l'organisation traditionnelle des sociétés, représente un grand tournant non seulement dans l'histoire de la Seconde Guerre mondiale ou même du conflit mondial qui dure depuis 1914, mais également dans l'histoire mondiale. L'histoire et la morale, cette année-là, vont basculer ensemble dans l'horreur. Sur le plan historique, 1942 est le vrai tournant de la « guerre de Trente Ans ». Cette année est le point de résolution de toutes les tensions qui s'accumulent depuis le début du siècle, le moment précis où la barbarie organisée va faire retour en plein cœur de la modernité.

A partir de l'hiver 1941-1942, la guerre devient pleinement et de tous côtés une guerre « idéologique ». Il s'agit, pour les nazis, d'une guerre de « croisés » contre la « barbarie » à la fois bolchevique, juive et asiatique, une guerre qui devait être gagnée rapidement. La guerre à l'Est va marquer le début de massacres hallucinants, dès la fin de 1941. L'échec de l'opération *Barberousse* – du nom de l'empereur germanique, chef de la troisième croisade, qui avait lui aussi combattu au XIIe siècle sur les marches de l'Est – va entraîner, selon Arno Mayer, outre le massacre, quasi systématique dans certains cas, des prisonniers de guerre soviétiques, la mise en application du génocide organisé contre les juifs, contre qui se retourne la « fureur idéologique » des nazis.

Au cœur du XXe siècle, le siècle le plus moderne et le plus civilisé que l'humanité ait connu, on voit naître de toutes parts une conception que les barbares les plus sauvages ne mettaient en application qu'avec finalement beaucoup de parcimonie : la destruction systématique des populations civiles. Il y a, bien sûr, toujours eu des massacres de civils, notamment pendant cette autre guerre idéologique qu'a été la première guerre de Trente Ans, qui dévasta l'Europe au XVIIe siècle. Mais il y a de ce point de vue une différence essentielle : là où les massacres du passé avaient conduit à ce que l'on dresse petit à petit des barrières juridiques et morales pour les limiter et au bout du compte les rendre hors la loi, là où ces massacres étaient toujours finalement limités dans le temps, les assassinats collectifs du XXe siècle ont impliqué une dissolution consciente et organisée de ces barrières et rien ne serait venu les arrêter si la guerre n'avait pas pris fin.

1942 marque un changement global des conditions dans lesquelles l'ensemble des protagonistes mènent les opérations militaires. Entraînés dans l'immense tourbillon de la violence déchaînée par les nazis, les Alliés prennent à ce moment-là une décision « technique » apparemment mineure, mais qui aura d'importantes répercussions sur le plan humain et sur le plan éthique, y compris jusqu'à aujourd'hui : l'usage de la force aérienne directement contre des populations civiles. La brutalité et la politique meurtrière des nazis en face de populations civiles n'avaient aucune justification technique ou stratégique. Elles ont même mobilisé des forces et des ressources qui, de leur point de vue, auraient été plus utiles au combat. Car la stratégie des nazis est dominée par une idéologie d'exclusion exacerbée. La brutalité de l'emploi des forces aériennes des pays démocratiques contre les populations civiles d'Allemagne et des pays occupés ou dominés par les nazis n'avait guère de justification technique ou stratégique. Elle témoigne du fait que les Alliés, notamment anglo-américains, n'étaient pas protégés de la tentation de mettre en œuvre une stratégie visant à considérer délibérément le civil comme une cible de guerre légitime. Cette stratégie conduira, en convergence avec l'utilisation massive de la science, aux bombardements d'Hiroshima et de Nagasaki, qui n'auraient probablement jamais eu lieu s'ils ne s'étaient pas insérés dans une politique d'ensemble.

La fureur idéologique qui conduit au génocide n'est en rien comparable avec la politique rationnelle des Alliés qui décident de l'emploi des armes contre les civils pour des raisons d'« efficacité militaire ». Mais tout cela intervient dans un contexte global où la dégradation des conditions morales et notamment de la valeur de l'homme conduit à légitimer tous les excès. Comment en est-on arrivé là, au milieu du XXe siècle ? Comment ce processus d'effondrement des valeurs, notamment celles qui s'étaient épanouies à l'époque des Lumières, a-t-il pu s'opérer ? Pour quelles raisons, comme le demande Steiner, « les traditions et les modèles de conduite humanistes ont-il si mal endigué la sauvagerie politique[6] » ? C'est ce qu'il nous faut chercher à comprendre pour mieux saisir, en retour, comment la communication peut s'imposer, à son tour, comme valeur alternative. L'utopie de la communication ne trouve-t-elle pas en effet ses racines dans la spécificité de la barbarie moderne ?

L'effondrement des valeurs

La « guerre de Trente Ans » est le moment d'une transformation importante sur le plan des valeurs. Aucune société n'échappe à la nécessité de ce que Pierre Legendre appelle la « constitution normative de l'humain[7] », qui consiste à proposer à ses membres une définition – même implicite – de ce qu'est un homme. Les définitions « ethniques » qui ont eu cours pendant une longue période de l'humanité, pratiquement jusqu'à la construction des États-nations modernes, étaient commodes puisqu'elles permettaient de désigner l'« étranger », celui qui ne fait pas partie de l'« humanité », à partir du critère d'extériorité par rapport à l'ethnie elle-même.

Les vastes mélanges sociaux dus aux invasions et aux brassages modernes de population obligèrent rapidement à poser le problème autrement, dès lors que le jeu des contraintes féodales se desserrait. Le grand courant né de la Révolution française et des Lumières innove en désignant tout homme comme un « être humain », doté de droits naturels du simple fait de son existence et non en fonction de son ethnie ou de sa naissance. L'abolition du servage, puis de l'esclavage, marque les étapes de cet élargissement de l'humanité à tous les hommes. On aurait pu croire le problème définitivement résolu. Pourtant, en plein cœur du XIXe siècle, la question de savoir « qui est un homme ici », à l'intérieur même des sociétés constituées par les États-nations, va revenir de façon lancinante, sous une forme « moderne ». Cette question intervient dans un contexte historique marqué par la

---
6. George STEINER, *op. cit.*, p. 40.
7. Pierre LEGENDRE, *Leçon VIII, Le crime du caporal Lortie*, Fayard, 1989.

coexistence des espoirs modernistes les plus fous et de la persistance très forte, comme le montre bien Arno Mayer, des traits les plus négatifs de la société féodale et de l'Ancien Régime[8].

Tout un réseau de justifications concrètes va alors se mettre en place pour légitimer, dans différents milieux, l'idée que certains membres de la société ne sont pas des hommes et que leur apparence d'humanité est même, d'une certaine façon, une menace. On voit naître alors des théories fumeuses, mais assurées d'un certain succès, qui distinguent entre les « vrais hommes » et les êtres qui n'auraient que l'« apparence de l'homme » ou ceux qui, « dégénérés », ne seraient plus dignes de faire partie de l'humanité. Cette action normative n'a pas grand-chose à voir avec le regard traditionnel que l'on porte sur le « sauvage », l'« Indien », le « primitif », que pratiquement tous s'accordent encore, au XIXe siècle, à considérer comme n'étant pas ou à peine des hommes. Cette opération de distinction interne qui vise à restreindre les frontières de l'humanité à l'intérieur d'un groupe social donné va déboucher, on le sait, d'abord sur la formulation de théories d'exclusion dont découleront, dans le contexte de la guerre idéologique, une série de passages à l'acte meurtriers.

Le XIXe siècle mérite-t-il le titre peu glorieux d'inventeur de l'exclusion meurtrière ? Le phénomène n'a-t-il pas toujours existé et les assassinats de cette nature n'ont-ils pas proliféré dans le passé ? Il faut, sur ce point, faire deux remarques. La première porte sur le fait que, jusqu'à la fin de l'Ancien Régime, la vie humaine n'avait finalement que très peu de valeur, à la fois sur le plan moral et sur le plan juridique. L'ambiance générale était fortement marquée par une espérance de vie faible, une tolérance à la violence beaucoup plus élevée, une omniprésence de la maladie et de la mort, une mortalité infantile incroyablement élevée, qui, selon la formule de Marc Bloch, « n'était pas sans endurcir quelque peu les sentiments vis-à-vis des deuils presque normaux[9] ».

Le grand changement apparu aux XVIIIe et XIXe siècles est l'idée du caractère précieux de toute vie humaine. Le succès de la science s'explique en partie par sa promesse d'augmentation générale des conditions sanitaires et des conditions de

---

8. Arno MAYER, *La Persistance de l'Ancien Régime*, coll. « Champs », Flammarion, Paris, 1983.
9. Marc BLOCH, *La Société féodale*, Albin Michel, Paris, 1968, p. 116.

vie, par son annonce que la mort et la maladie, désormais, vont pouvoir reculer et, pourquoi pas, disparaître un jour. Le niveau de violence atteint sous l'Ancien Régime et avant – par exemple pendant les guerres de Religion – doit donc s'interpréter dans un contexte où la vie humaine n'avait guère de valeur.

La grande nouveauté du XIXe siècle est que les théories violentes de l'exclusion renaissent au moment même où continue à s'affirmer en parallèle la primauté de la vie humaine. Il n'est donc pas possible de soutenir l'argument selon lequel, sous l'effet des guerres et de leur cortège de « violences inévitables », la vie humaine aurait de nouveau subi, au XXe siècle, une telle baisse de valeur que le racisme et l'exclusion auraient été une conséquence épouvantable mais logique de ces événements tragiques. La frontière qui sépare celui qui est un homme et celui qui ne l'est pas s'est en effet mise en mouvement avant la nouvelle « guerre de Trente Ans », et justement en pleine période de paix relative.

La seconde remarque est que, dès lors qu'on s'accorde à trouver une nouveauté historique à ce processus d'exclusion interne, on l'identifie très souvent au seul racisme. Bien sûr le racisme, en tant que théorie constituée, apparaît au XIXe siècle, dans toute sa singularité. Mais la force du thème de l'« hérédité malfaisante », de l'« homme criminel » ou « dégénéré », la puissance perverse des thèses eugéniques montrent que l'idée de race n'est pas la seule manière de désigner celui qu'il faut rejeter au-delà des frontières de l'humanité. Le racisme fait partie d'une idéologie d'exclusion plus globale, qui ne s'attache pas au seul critère de race, et qui, du coup, n'en a que plus de portée et d'adaptabilité. Seule cette distinction permet par exemple de comprendre l'apport spécifique de Nietzsche aux politiques meurtrières d'exclusion du XXe siècle, alors que le philosophe ne développe pas une théorie raciste au sens strict.

La lutte contre la morale

La déconstruction de la morale qui s'annonce au XXe siècle est en effet préparée, sur le plan théorique et philosophique, par deux courants d'idées qui ont un large succès au siècle précédent : le darwinisme social et la nouvelle représentation de l'homme construite par Nietzsche. Le darwinisme social fournit pour longtemps un cadre mental pour penser les rapports sociaux. Comme dans la nature où, grâce à un processus de sélection, seules survivent les espèces les plus fortes et les plus adaptées, la société serait, elle aussi, le lieu de la sélection des « espèces » les plus adaptées. L'eugénisme, et son souci de perfectibilité de l'homme, va particulièrement bien s'articuler sur cette théorie. Le darwinisme social fascine à la fois les idéologues du libéralisme, qui y retrouvent les accents de Hobbes, les conservateurs les plus attachés aux valeurs féodales et les révolutionnaires eux-mêmes (Marx et Engels ne cachaient pas leur admiration pour cette interprétation de l'histoire).

Le succès du darwinisme social tient en partie à son syncrétisme. Il est un des points de rassemblement des idéologies d'exclusion. Il est aussi, comme le remarque Arno Mayer, à la fois « une science et une croyance [10] ». Il constitue également un point où l'on tente de fondre la culture dans la nature, confusion toujours porteuse de dangers. C'est peut-être à cause de cette synthèse-là que le darwinisme social contribue le plus largement à une vision du monde d'où la morale peut être exclue facilement, comme non conforme aux lois naturelles.

Une autre attaque directe contre la morale vient, au XIXe siècle, de Nietzsche. La vision du monde qu'il propose, on le sait, divise irrémédiablement l'humanité en deux : d'un côté, les forts, les maîtres, et, de l'autre, les faibles, les esclaves. Le sens de l'histoire, pour lui, est clair : il y a eu, à un moment donné, un renversement de perspective et les faibles ont pris le pouvoir. L'un de leurs instruments privilégiés, notamment grâce à la religion, est à la fois la « morale » qui n'est rien de plus que l'apologie des pauvres, des faibles, des misérables, et la « culture » dont l'objectif est « d'extraire de l'homme-fauve un animal apprivoisé et civilisé [11] ». Nietzsche s'en prend ainsi aux prêtres, notamment chrétiens, mais derrière eux il vise explicitement « l'initiative monstrueuse et néfaste au-delà de toute expression que les juifs ont prise par cette déclaration de guerre radicale entre toutes, [...] le

---

10. Arno MAYER, *La Persistance de l'Ancien Régime, op. cit.*, p. 274.
11. Friedrich NIETZSCHE, *La Généalogie de la morale*, coll. « Folio », Gallimard, Paris, 1971, p. 42.

soulèvement des esclaves dans la morale[12] », soulèvement, pour lui, aujourd'hui victorieux. Le christianisme n'est en effet aux yeux de Nietzsche qu'un « appât plus facile à mordre » que les juifs ont tendu au monde : « Le peuple d'Israël n'a-t-il pas atteint, par la voie détournée de ce Sauveur, de cet apparent adversaire qui semblait vouloir disperser Israël, le dernier but de sa sublime rancune[13] ? »

Le monde de Nietzsche est donc clairement dichotomique et son appel à la destruction de la morale – « danger par excellence » – se fait en référence à un passé historique qu'il décrit ainsi : « Les Celtes étaient une race absolument blonde ; quant à ces zones de populations aux cheveux essentiellement foncés que l'on remarque sur les cartes ethnographiques de l'Allemagne faites avec quelque soin, on a tort de les attribuer à une origine celtique et à un mélange de sang celte [...] c'est plutôt la population préaryenne de l'Allemagne qui perce dans ces régions. La même observation s'applique à presque toute l'Europe : en fait la race soumise a fini par reprendre la prépondérance, avec sa couleur, la forme raccourcie de son crâne et peut-être même les instincts intellectuels et sociaux[14]. » Nietzsche contribue donc clairement à dresser une nouvelle carte de l'humanité en excluant des frontières de l'humain ceux qui ne méritent pas d'en faire partie. On comprend mieux, à la lecture de ces lignes sans ambiguïté, l'attrait de Hitler pour le philosophe du « surhomme ». Hitler qui reprochait aux juifs, on voit mieux maintenant pourquoi, d'avoir « inventé la conscience ».

L'« homme de Nietzsche »

Arrêtons-nous un instant sur un aspect essentiel – mais pas toujours mis en avant – de la pensée de Nietzsche : la façon dont celui-ci voit la nature du lien social, selon que la société est dominée par les faibles ou que les forts, au contraire, l'emportent. La description quasi sociologique que Nietzsche fait des « instincts sociaux » et du lien social dans ces deux situations met en évidence une différence essentielle. Ce point est fondamental pour comprendre à quel point l'utopie de la

---
12. Friedrich NIETZSCHE, *La Généalogie de la morale*, coll. « Idées », NRF, 1964, p. 40 et 41.
13. *Ibid.*, p. 42.
14. *Ibid.*, p. 35.

communication va se constituer finalement comme un strict contrepoint de l'« homme de Nietzsche ». Pour ce dernier, « la morale des esclaves a toujours et avant tout besoin, pour prendre naissance, d'un monde opposé et extérieur : il lui faut, pour parler physiologiquement, des stimulants extérieurs pour agir ; *son action est foncièrement une réaction*[15] » (souligné par moi). A l'opposé, les « maîtres » ne cherchent leur antipode que pour mieux s'affronter eux-mêmes. En résumé le fort est un « homme d'action » là où le faible est l'homme d'une « réaction ». Le fort est dirigé de l'intérieur et n'obéit qu'à ses instincts, là où le faible est tout entier guidé par la société et la morale. On trouve ici, au cœur d'une philosophie dont il est difficile de dire qu'elle n'a pas influencé à la fois la culture et l'histoire, une correspondance directe, en négatif, avec les représentations modernes de l'homme.

Les conceptions de Nietzsche ont-elles conduit au racisme ? Peut-on leur attribuer une responsabilité dans le processus de dégradation générale des valeurs qui se met alors en place ? Il est certain que l'interprétation qui sera faite de ses conceptions prendra une place importante dans le flot des idées contagieuses qui vont rapidement converger et se concrétiser autour du thème de l'exclusion. Mais le projet de Nietzsche n'est-il pas plutôt d'introduire en philosophie les concepts de sens et de valeur ? « Voilà l'essentiel, dit Deleuze, le haut et le bas, le noble et le vil ne sont pas des valeurs mais représentent l'élément différentiel dont dérive la valeur des valeurs elles-mêmes[16]. » Nietzsche, comme le rappelle justement Deleuze, n'est pas raciste au sens de la théorie raciale qui suppose une infériorité ou une extériorité à l'humanité sur une base biologique – quoique certaines remarques sur la victoire des juifs par l'empoisonnement du sang soient une concession à ces théories.

Mais l'absence de référence au racisme chez Nietzsche est finalement, dans ce contexte, pire que tout : elle donne à sa vision du monde une puissance d'influence supplémentaire. L'apologie de l'exclusion qui en découle est à la fois acceptable par les racistes et par tous ceux qui acceptent, « sans être racistes », une représentation des rapports humains où s'affrontent – éventuellement pour la survie – les « faibles » et les « forts ». L'« homme de Nietzsche » va ainsi avoir une in-

---

15. Friedrich NIETZSCHE, *op. cit.* (1964), p. 45.
16. Gilles DELEUZE, *Nietzsche et la philosophie*, PUF, Paris, 1967, p. 2.

fluence profonde sur la culture et la « construction normative de l'humain ». Pour lui aussi la culture tend à se dissoudre dans la nature. Comme le dit Nietzsche, « pour juger la moralité comme il convient, il faut la remplacer par deux concepts tirés de la zoologie : le dressage d'une bête et l'élevage d'une espèce [17] ».

Le programme philosophique et pratique de Nietzsche est donc de renverser la morale : ce qui est le mal dans la morale devient ainsi le bien et ce que la morale considérait comme étant le bien doit désormais être considéré comme repoussant. Ainsi, « les hommes forts, les vrais maîtres, retrouvent la conscience pure des bêtes de proie ; monstres heureux, ils peuvent revenir d'une effroyable suite de meurtres, d'incendies, de viols et de tortures avec des cœurs aussi joyeux, des âmes aussi satisfaites que s'ils s'étaient amusés à des bagarres d'étudiants [18] ». Ce programme, que Pierre-André Taguieff [19] qualifie de « traditionalisme antimoderne », va trouver d'abord un débouché dans les « théories » nationalistes réactionnaires qui prennent naissance au XIXe siècle, puis il inspirera, directement ou non, les idéologues du fascisme et du nazisme contemporain, y compris Hitler. Taguieff insiste à juste titre sur le fait que Nietzsche a joué un rôle « libérateur » qui permit à beaucoup de se débarrasser de leur « misérable défroque humanitaire [20] ». Le « renversement des valeurs » que Nietzsche appelait de ses vœux trouvera une application concrète sur le terrain, à partir de 1942, lorsque sera libérée la « conscience pure des bêtes de proie » nazies.

La spécificité de la barbarie moderne

Quelle que soit l'importance qu'ont prise l'« homme de Nietzsche » ou les théories issues du darwinisme social dans les représentations de l'homme qui vont dominer au XXe siècle, il ne saurait bien sûr être question d'y voir une cause unique du retour à la barbarie qui va caractériser cette période. Sans la guerre, ces représentations de l'homme fondées sur le racisme et l'exclusion ne se seraient jamais

---

17. Friedrich NIETZSCHE, *op. cit.* (1964), p. 51.
18. *Ibid.*
19. Pierre-André TAGUIEFF, « Nietzsche dans la rhétorique réactionnaire », in *Pourquoi nous ne sommes pas nietzschéen*, Grasset, Paris, 1991.
20. L'expression, de Georges Valois, est citée par Pierre-André TAGUIEFF, *loc. cit.*, p. 279.

actualisées. Mais la guerre elle-même n'est-elle pas aussi le produit de ces conceptions résolument antimodernistes et réactionnaires ? Comme le disait après tout Hegel dans son apologie de l'État, « espérer que la guerre soit à jamais bannie du monde est absurde et profondément immoral. Une telle hypothèse causerait l'atrophie de nombreuses forces essentielles et sublimes de l'âme humaine [21] ». Ce à quoi Nietzsche répondra d'ailleurs en écho, dans *Ainsi parlait Zarathoustra* : « Vous prétendez qu'une bonne cause sanctifie même la guerre ? Moi je vous dis : c'est la bonne guerre qui sanctifie toute cause [22]. » La guerre qui marque le milieu du XXe siècle n'est pas une guerre comme les autres. Le génocide qui en constitue le centre symbolique n'est pas un événement indépendant des conditions idéologiques dans lesquelles le conflit se déroule. Ces conditions ont été préparées par la déconstruction de la morale engagée depuis un siècle.

Comment ce mécanisme moderne de la barbarie se met-il en place ? Ce mouvement va relever d'une économie bien particulière : peut-on en effet comprendre la barbarie contemporaine si l'on ne rappelle pas que chaque mouvement d'éloignement, chaque exclusion et bientôt chaque meurtre est vécu, par celui qui le commet ou qui le commandite, comme un « bénéfice » ? Le meurtre dans un tel contexte idéologique n'est pas un retranchement, c'est un ajout et une construction, une pierre de plus dans l'édification d'une société « meilleure » parce que « purifiée ». L'une des spécificités de la barbarie moderne est son articulation sur un projet positif porté par le politique.

Cela seul explique l'acharnement, jusqu'à l'épuisement, qui est à l'œuvre dans les grands massacres collectifs ponctuant le XXe siècle. La barbarie moderne a subi une curieuse inversion : elle vit son action comme une contribution à un progrès là où la barbarie « classique » était un appel au meurtre pur et gratuit, au déchaînement des instincts les plus sauvages. La thématique antisémite des nazis est claire sur ce point, y compris jusqu'à leur frénésie à poursuivre le génocide alors même qu'ils savaient la partie perdue sur le plan militaire. Freddy Raphael remarque, au sujet de l'extermination des malades mentaux en Allemagne dans les années quarante –

---

21. Cité par William L. SHIRER, *Le Troisième Reich des origines à la chute*, t. 1, Stock, Paris, 1959-1960, p. 132.
22. *Ibid.*, p. 134.

ceux que les nazis appelaient les « existences sans vie » –, que les services « compétents » avaient été chargés de « dresser une statistique des économies en numéraires et en vivres réalisées grâce aux "désinfections"[23] ». Rappelons à ce sujet que les catégories de malades ainsi assassinés comprenaient, outre ceux qui étaient visés par la législation raciste, les sujets « aryens » considérés comme malades mentaux y compris les personnes ayant perdu la raison dans les bombardements. Cela montre jusqu'à quel point la frontière de l'humanité peut se déplacer et surtout comment le meurtre peut acquérir une valeur positive dans un tel système. La barbarie moderne a ceci de particulier et, si l'on veut, d'original, qu'elle est perçue, par ceux-là mêmes qui la mettent en œuvre, comme un moyen destiné à mettre en œuvre un changement vers une société meilleure, « purifiée ». C'est sans doute cela qui rend la compréhension d'un tel phénomène si difficile.

Le génocide ne relève pas de la folie des hommes : il est l'application consciente d'un plan dont les racines sont à rechercher dans la tentative de retour, sous différentes formes, à des représentations de l'homme prémodernes. La barbarie contemporaine a plus d'une spécificité. Loin d'être, comme tous les phénomènes du passé qui s'y apparentaient – et qui n'avaient rien à lui envier en violence –, une violence généralisée et publique, se nourrissant souvent de sa propre publicité, la barbarie contemporaine s'exerce au sein d'îlots bien délimités, cernés par un milieu resté dans l'ensemble civilisé et organisé. Le secret qui entoure et recouvre d'un épais manteau de silence ces îlots génocidaires est sans doute une figure essentielle pour comprendre les effets souterrains que va provoquer cette rupture du lien social sur la société d'après-guerre. On ne comprendra pas non plus l'attrait que le thème de la transparence dans la communication aura par la suite, si l'on ne se rappelle pas au préalable l'importance de cette connivence qui s'établit entre le secret et la barbarie moderne.

---

[23]. Freddy RAPHAEL, Murielle HABAY, Geneviève HERBERICH, « L'identité stigmate : l'euthanasie durant la Seconde Guerre mondiale », *Revue des sciences sociales de la France de l'Est*, n⁰ 18, 1990-1991, p. 51.

Le meurtre en secret

L'examen de la politique raciale mise en place par les nazis montre bien à la fois ce mécanisme d'exclusion, de déconstruction des valeurs et d'instauration du secret au moment décisif où l'action des hommes rompt le lien social. La politique raciale des nazis a connu, à partir de 1933, différents degrés. Les premiers sont marqués par une intense publicité des mesures prises. On peut distinguer quatre étapes principales. La première consiste dans le développement d'un discours raciste virulent, dirigé principalement contre les juifs. Ce discours, largement développé dans *Mein Kampf*, est abondamment relayé par les organisations de masse du parti nazi et par la presse aux ordres. Il s'appuie également sur un certain nombre d'auteurs « classiques » du XIXe siècle. Cet appel à une légitimité intellectuelle ne va pas sans difficulté car les points de vue racistes sont loin d'être homogènes. Chamberlain avait inclus les Slaves dans la race élue, et Joseph Arthur Gobineau en avait exclu les Allemands de l'Est. Mais le problème n'est pas tant de désigner telle ou telle race ou telle ou telle ethnie comme supérieure ou inférieure, mais bien de poser comme tel un critère d'exclusion et surtout de faire admettre l'idée que l'exclusion est la source de tout progrès.

Ce mécanisme est à la base du système de pensée nazi. Il faut en effet ajouter, car ce n'est pas un détail, que les « malades mentaux », les « dégénérés », les homosexuels et les « marginaux sociaux » sont également désignés à la vindicte populaire comme des éléments risquant de corrompre la race germanique, formée des « magnifiques brutes blondes » qu'affectionnait tant Nietzsche. Notons également que ce discours a, tout au long des années trente, des effets concrets mais limités dans leur ampleur meurtrière malgré le caractère insupportable des agressions et des vexations racistes. Bien qu'il soit considéré par beaucoup comme peu crédible dans la violence qu'il annonce, ce discours a pour effet recherché de provoquer l'immigration des juifs allemands dans les années trente.

La deuxième étape de la politique raciale est la mise en place, sur un plan institutionnel et juridique, de la séparation des « races ». Les lois raciales de Nuremberg, en 1935, posent à l'administration allemande un redoutable problème d'interprétation : comment déterminer précisément qui est juif et qui est allemand ethnique ? C'est à ce moment précis que tout le vernis scientifique dont les nazis s'étaient parés dans leurs « théories » racistes vole en morceaux. Il est évidemment impossible de déterminer scientifiquement un quelconque critère d'appartenance à une race. Les décrets d'application des lois de Nuremberg prendront donc appui sur la filiation et notamment sur la religion déclarée des grands-parents (au XIXe siècle il n'y avait pas en Allemagne d'état civil laïque et ce sont les communautés religieuses respectives qui tenaient les registres dans ce domaine). L'instauration de lois raciales, paradoxalement, redonnera confiance à un certain nombre d'Allemands juifs qui reviendront alors d'immigration : mieux valait un mauvais statut mais stabilisé par la loi [24].

La troisième étape est l'organisation de la déportation (c'est-à-dire du déplacement non volontaire de populations) conduisant à l'internement puis au travail forcé. Cette étape sera la dernière connue et, malgré les bruits qui couraient, beaucoup penseront – ou se raccrocheront à l'idée – que les populations déportées, et en premier lieu les juifs, étaient « simplement » enfermées dans des camps de travail. Cette perte de liberté qu'organise le régime nazi, et qui va rendre possible le génocide, pose la question du corps et de la filiation. Le pouvoir ici peut s'assurer légalement du corps – et en disposer – au nom de la filiation. Le lien social est ainsi immédiatement rompu et il n'est pas impropre, à propos de la politique de déportation et de mise au travail forcé des détenus, de parler de mise en esclavage.

Ce qui n'est considéré d'habitude que comme une métaphore terrible recouvre en fait une réalité sociale et juridique bien précise. L'esclave est en effet celui qui a perdu toute personnalité et toute responsabilité juridique : au sens fort il n'est plus un homme. On le décompte avec les objets et le bétail et il n'a plus aucune légitimité comme partenaire d'un lien social. Mais la mise en esclavage ici ne se compare pas tout à fait avec l'esclavage antique ou barbare, car la source de l'esclavage était alors la capture d'étrangers – lors des guerres de conquête par exemple –, et rarement la relégation d'anciens citoyens au statut d'esclave. En bref on était esclave parce que l'on n'était pas, d'emblée, un homme, alors que le

---

24. Raul HILBERG, *La Destruction des juifs d'Europe*, Fayard, Paris, 1988.

nazisme inverse cette figure essentielle au maintien de l'ordre social et juridique puisqu'il transforme ceux qui était reconnus comme des hommes en esclaves.

L'assassinat collectif de la plupart de ces déportés, dans le cadre d'une stratégie délibérée de génocide, constitue la dernière étape de ce processus. Il s'accompagne d'une politique de secret intensif. Le caractère draconien du secret n'implique pas évidemment que la réalité n'ait pas filtré et qu'une partie de la population allemande n'ait pas été plus ou moins au courant, mais elle était aussi au courant, du même coup, qu'il s'agissait d'un secret, donc d'informations dangereuses à manipuler. La chape de silence qui était censée recouvrir toute l'opération a au moins pour effet, par exemple, que les historiens ont du mal à déterminer avec précision l'origine de la décision de la « solution finale ». Origine sur laquelle il n'existe pas de textes ou de documents d'archives précis.

· Le secret est organisé avec minutie à tous les échelons de la hiérarchie et des nombreux personnels administratifs qui sont concernés. Même à l'intérieur des camps le secret est gardé sur les meurtres de masse qui s'y commettent[25]. Les nazis organisent même des campagnes de désinformation, en faisant par exemple signer à des déportés des cartes postales à envoyer à leurs familles, juste avant de les assassiner.

On peut interpréter cette question du secret de différentes façons. Nul doute qu'il y ait, chez les nazis, un souci d'« efficacité ». Si une publicité avait été organisée quant au sort réel des déportés, les opérations de rassemblement et de déportations auraient sans doute été rendues plus difficiles, du fait de l'opposition des personnes concernées. La résistance allemande – si faible qu'elle ait été – aurait trouvé là matière à se développer et l'opprobre dans lequel se trouvait le régime nazi à l'étranger aurait encore grandi.

Mais peut-être n'est-ce là qu'un aspect du problème. On peut avancer en effet l'hypothèse que, sans ce secret, le système nazi lui-même aurait risqué d'imploser de l'intérieur. Le maintien du secret serait dans cette perspective une mesure de conservation prise par le régime lui-même. Le discours du meurtre est une chose, sa mise en application en est une autre.

---

25. Voir par exemple le témoignage de Marc KLEIN, « Observations et réflexions sur les camps de concentration nazis », revue *Études germaniques*, n° 3, 1946.

Si le passage à l'acte hitlérien est bien, comme le dit Legendre, « un geste de mise à mort à l'adresse du système de la Loi dans la culture[26] », cette mise à mort est aussi une menace directe pour celui qui le commet, quelle que soit sa loi.

Un indice de cette conscience de la survie peut être trouvé dans l'analyse du secret entourant l'opération *T4*, qui consista à organiser l'assassinat des malades mentaux allemands. Là aussi, comme le montre Freddy Raphael[27], le silence le plus absolu entoure les opérations de concentration dans des hôpitaux spécialisés, puis l'euthanasie elle-même. L'organisation bureaucratique est conçue dans le but de « masquer le lien entre la chancellerie du Führer et l'extermination, et aussi de rendre plus complexe l'appréciation de l'ensemble du projet ». Les autorités déplacent systématiquement les malades jusqu'à ce que leurs proches en perdent la trace.

La rupture nette et fondamentale du lien social que le génocide implique menace la société tout entière. Le déchaînement de l'entropie – pour reprendre une expression de Wiener – implique une réaction en chaîne sans retour possible, y compris pour ceux qui l'ont déclenchée. On peut supposer que les nazis avaient une conscience empirique de cette réalité essentielle, qui concernait leur survie même en tant que régime. Il n'est pas si facile après tout de libérer les hommes des chaînes de la « morale », comme le montrent les difficultés qu'eurent les nazis, au début de la campagne à l'Est, à obtenir de certains soldats et officiers allemands qu'ils se prêtent à l'assassinat systématique des prisonniers russes et qu'ainsi ils renoncent aux « lois de la guerre » auxquelles ils étaient très attachés et qui, en tant que valeurs féodales, n'étaient pourtant pas d'essence très humaniste.

La dégradation générale de la morale

En tant que génocide commis dans le plus grand secret, le massacre des juifs, accompagné de celui des « gens du voyage », n'a aucun antécédent historique. Toute tentative de comparaison ou d'explication du génocide par des « modèles » précédents contribue à laminer sa singularité. On sait

---

26. Pierre LEGENDRE, *op. cit.*, p. 21.
27. Freddy RAPHAEL, Murielle HABAY, Geneviève HERBERICH, *loc. cit.*, p. 49 et 51.

que certains historiens allemands, à la suite de Nolte, ont vu dans le Goulag soviétique un « précédent logique et factuel[28] » du génocide, qui serait ainsi « une réaction, elle-même fruit de l'angoisse, suscitée par les actes d'extermination commis par la révolution russe[29] ». Heidegger, de son côté, soutient que les camps de concentration et la bombe atomique relèvent de la même catégorie d'analyse. D'autres enfin justifient le génocide par les « crimes de guerre » commis par les Alliés, notamment lors des bombardements aériens, conformément d'ailleurs au système de défense des nazis au procès de Nuremberg. L'existence de ces tentatives suspectes ne doit cependant pas masquer ce fait irréductible : le mouvement général de dégradation des conditions morales et humanitaires dans lesquelles le conflit a été mené et qui n'est pas sans rapport avec l'émergence, puis le succès, après guerre, d'une nouvelle représentation de l'homme. Ce mouvement général implique des actes barbares commis par des collectifs humains différents – les nazis, les communistes soviétiques, les Alliés –, mais ces pratiques ne s'expliquent pas les unes par les autres (comme tentèrent de le dire les nazis lors du procès de Nuremberg, ou, actuellement, Nolte) et le génocide des juifs y a le statut d'une singularité absolue.

Le basculement de 1942 a, de ce point de vue, été préparé en profondeur par le changement de nature qui s'était opéré dans le conflit de 1914-1918, où, en rupture avec les traditions qui voulaient que ne soient opposées entre elles que de faibles unités de militaires professionnels, des dizaines de millions de civils sous l'uniforme furent envoyés au front, pour s'y massacrer les uns les autres. Le changement de statut du « civil » dans les conflits modernes correspond sans conteste à une mutation importante dans les représentations de l'homme. Les crimes commis pendant la guerre civile russe, après la révolution de 1917, puis sous la dictature stalinienne, avaient élargi la voie. L'attitude des communistes contre ceux qui étaient « exclus de l'histoire » devait faire des millions de victimes, non d'un génocide commis en secret, mais d'une répression impitoyable, utilisée publiquement comme moyen de gouvernement par la terreur.

1942 correspond à un accroissement de la brutalité du

---
28. Ernst Nolte, « Légende historique ou révisionnisme », in *Devant l'histoire*, Cerf, Paris, 1988, p. 34.
29. *Ibid.*, p. 21.

conflit tel qu'il était mené par les Alliés. Une véritable « révolution morale » intervient à cette époque : toutes les conceptions à base humaniste qui avaient été développées, argumentées et soutenues – y compris au niveau des gouvernements – au sujet du comportement à adopter vis-à-vis des civils habitant les pays ennemis vont s'effondrer. Le revirement moral qui va suivre jouera un grand rôle dans l'engagement des scientifiques et des ingénieurs en faveur d'une autre utilisation du savoir. L'emploi de la bombe atomique sur Hiroshima et Nagasaki – qui précipite cet effondrement de certaines valeurs – est le prolongement d'une logique qui commence avec l'acceptation de la « théorie » du bombardement de zone. Cette « théorie » constitue sans doute, par un glissement insensible, la véritable rupture dans le comportement moral de ceux qui conduisirent la guerre du côté des Alliés, plus sans doute que l'usage du nucléaire proprement dit, qui n'en est qu'une conséquence.

La pratique du bombardement aérien des villes en vue d'atteindre délibérément des objectifs civils est inaugurée pendant la guerre civile espagnole à Guernica par l'aviation fasciste au service de Franco. Cette pratique est immédiatement et vigoureusement condamnée par les démocraties. Le président Roosevelt l'assimile en 1939 à un acte « barbare » auquel il suppliait les deux camps de renoncer. Les nazis, à Rotterdam puis lors de la bataille de Londres, recommencèrent à utiliser l'aviation aveuglément en milieu urbain. Les bombardements délibérés de civils sont donc jusque-là l'exemple type de la « barbarie fasciste ». Lorsqu'en 1941, après qu'eut été analysée l'efficacité des bombardements anglais sur l'Allemagne, on se rendit compte que la marge d'erreur des pilotes par rapport à l'objectif était de dix kilomètres, Churchill ordonna l'arrêt des raids sur l'Allemagne [30].

Ceux-ci devaient pourtant reprendre le 14 février 1942, sous l'impulsion du propre conseiller scientifique de Churchill, Frederick Lindermann, futur instigateur de la politique nucléaire de l'Angleterre. Les pilotes de la RAF se voient alors assigner un nouvel objectif systématique : « saper le moral de l'ennemi » grâce à des bombardements de zone puis à l'emploi de techniques permettant d'incendier rapidement et

---

30. Peter PRINGLE et James SPIGELMAN, *op. cit.*

systématiquement des quartiers entiers dans les centres-villes. L'US Air Force reprendra à son compte cette stratégie en la portant à une dimension industrielle inégalée, puisque le bombardement des quelques villes allemandes et japonaises qui seront choisies pour que le « moral de l'ennemi » y soit sapé, fera, en quelques vagues de bombardiers, plus d'un demi-million de victimes civiles.

Cette nouvelle pratique militaire est le corollaire de la montée en puissance d'un nouveau secteur de l'armée, l'aviation, dont le rôle fut progressivement privilégié au détriment des autres armes. Mais, au-delà de la querelle entre les différentes armes, il y a évidemment d'autres enjeux. Les militaires de l'aviation constituent une élite technique et scientifique. Ils sont porteurs, à la fin de la guerre et à partir des débuts de la guerre froide, de l'espoir, très largement conforté par le courant isolationniste américain, que l'on puisse désormais mener les guerres à distance. « L'existence de la civilisation », déclarent alors les chefs de l'US Air Force, est désormais soumise « à la bonne volonté et au bon sens des hommes qui contrôlent l'emploi de la force aérienne [31] ».

Toute la stratégie nucléaire qui va suivre, en particulier avec la création en 1948 du Strategic Air Command (l'aviation nucléaire), s'inspire de ces prémisses. Le prix de cette « efficacité » militaire et politique est évidemment la continuation de la rupture éthique qui s'est produite en 1942, puisque le nombre des victimes civiles innocentes est désormais planifié et utilisé comme élément d'une stratégie militaire. Le premier plan de frappe stratégique élaboré par l'état-major américain dans les années cinquante avait pour objectif l'anéantissement de 70 zones urbaines soviétiques. Il prévoyait des millions de morts et une existence « extrêmement compliquée » (du fait des radiations) pour les dizaines de millions de survivants. L'usage de la force aérienne par la suite, au Viêt-nam, au Cambodge puis en Irak, découlera de cette rupture essentielle avec une conception simplement humanitaire.

---

31. Peter PRINGLE et James SPIGELMAN, *op. cit.*

Le développement des idéologies d'exclusion

Ainsi, loin d'être endiguée, la dégradation des valeurs, qui accompagne tout le XXᵉ siècle, se voit au contraire amplifiée par la société politique et les idéologies d'exclusion qu'elle a sécrétées. Dans quelle mesure les grandes constructions idéologiques n'ont-elles pas contribué à cette montée de la barbarie moderne ? L'histoire du XXᵉ siècle est presque entièrement préparée, comme l'a remarqué George Steiner, par les plans établis tout au long du XIXᵉ siècle [32]. Les bouleversements qu'a subis la société contemporaine peuvent ainsi être regardés comme autant de répliques de ces fractures plus silencieuses, plus souterraines, que les intellectuels et les théoriciens politiques ont provoquées dans la pensée au siècle précédent.

La montée de l'utopie

C'est le XVIIIᵉ siècle, bien sûr, qui annonce, en Europe comme en Amérique, une ère nouvelle dans la recherche d'une société meilleure. Mais c'est le XIXᵉ siècle, de ce point de vue, qui, une fois éteints le bruit et les fureurs des campagnes napoléoniennes, consacrera l'essentiel de son énergie intellectuelle à dresser les plans de sociétés meilleures *hic et nunc*. Un grand désir d'utopie est alors à l'œuvre, sur la base d'une double rupture, avec la religion d'abord, avec l'histoire ensuite. En rapport avec le reflux relatif du religieux comme système explicatif totalisant et surtout comme espoir d'une société meilleure ailleurs que sur terre, toutes les visions du paradis – et de l'enfer aussi –, qui avaient nourri l'art aussi bien que l'imaginaire quotidien, commencent à s'effondrer, mais non le désir de paradis lui-même, qui reste apparemment entier.

Ce nouveau paradis, les intellectuels vont en dresser les plans tout au long du XIXᵉ siècle. La construction des utopies ne date pas de cette période, bien sûr, et de multiples auteurs, de Platon à Thomas Moore, avaient déjà proposé leur vision de la société idéale. Mais le reflux du religieux laisse un terrain particulièrement fertile à l'imaginaire utopique : désormais on peut y croire, il faut y croire. Parallèlement à ce

---

32. George STEINER, *op. cit.*

transfert du paradis du ciel sur la terre, le XIXᵉ siècle exacerbe cette autre valeur utopique qu'est le désir de sortie de l'histoire. Tous les grands systèmes politiques conçus à cette période veulent rompre avec l'histoire. Qu'il s'agisse du libéralisme comme idéologie, du communisme ou des prémisses du fascisme et du nazisme, chacun des projets de société qui sont à l'œuvre postule un arrêt de l'histoire et le début d'une nouvelle période, plus que millénaire, de bonheur et de stabilité. John Dewey, l'un des apôtres du libéralisme au début du siècle, résume bien ce nouveau rapport à l'histoire en annonçant qu'« une philosophie de l'histoire en Amérique doit être une philosophie de l'avenir et non du passé [33] ».

De 1820 jusqu'au tout début du XXᵉ siècle, les architectes de l'utopie sont à l'œuvre. Ils reconstruisent le monde en chambre, ils dessinent les allées de la société de demain. Un seul et même grand rêve les anime, sous de multiples formes. L'époque, il est vrai, prête à l'utopie : peu de guerres, peu de révolutions mais en revanche beaucoup d'espoir mis dans la science, dans le savoir, dans le progrès, l'éducation, la nation, la race. Beaucoup d'espoirs mis dans une société purifiée, de ce qui, pour les uns, l'empêche d'avancer vers l'avenir radieux et, pour les autres, de se retremper à ses sources primitives et originelles.

Le XIXᵉ siècle voit naître ainsi plusieurs familles d'idéaux. Le marxisme promet, dès le *Manifeste communiste* (1848), l'avènement d'une société sans État, où la classe ouvrière réalise enfin l'histoire. Les penseurs anarchistes, Proudhon, Fourier, Stirner, proposent, eux, de supprimer l'État tout de suite en laissant aux producteurs la gestion directe de leurs affaires. Le libéralisme, qui est pour l'instant la seule idéologie concrètement au pouvoir, enfante le rêve scientiste d'une société purgée des maladies, de la faim, mais aussi des « criminels », des vagabonds, des marginaux de tous ordres, une société pragmatique « dirigée par son futur ». Enfin les prémisses du fascisme et du nazisme se mettent en place, en réaction à une modernité qui menacerait de couper définitivement tout lien avec les traditions nationales et les racines ethniques. Le racisme naît de cette réaction, comme modalité de désignation de ceux qui incarneraient les tares de ce

---

33. Cité par Ludwig MARCUSE, *La Philosophie américaine*, Gallimard, Paris, 1967, p. 250.

modernisme et qui empêchent la société de réaliser pleinement son identité.

Tous les grands concepts pour lesquels on se battra plus tard, toutes les idées au nom desquelles des millions d'hommes et de femmes seront traités autrement que comme des êtres humains tout au long du XXe siècle, se forgent là, pendant cette période de calme apparent, en fait précurseur de la tempête. Tous ces penseurs ou presque partent de la même intention : construire – ou retrouver – une société meilleure, prendre le pouvoir en vue de réaliser cet objectif et, au besoin, l'imposer. Les modèles de progrès que le XIXe siècle va bâtir impliquent tous une torsion importante du réel, un infléchissement majeur de l'histoire de l'humanité. La quête de la cité idéale engendre curieusement une grande tolérance par rapport à la violence qu'elle légitime ainsi idéologiquement. La forte dose d'utopie des idéologies héritées de cette période explique sans doute en partie ce paradoxe incroyable qui voit côte à côte se déployer la recherche du bonheur et d'une civilisation meilleure et la mise en œuvre d'une violence et d'une barbarie insoutenables. La barbarie moderne est une barbarie qui se donne l'excuse de la civilisation.

La purification de la société

Une autre caractéristique des idéologies nées au XIXe siècle est le fait qu'elles postulent toutes, pour parvenir au but, le retranchement de la société d'une partie de ses membres, jugés soit trop faibles ou indignes, soit historiquement dépassés, soit d'emblée étrangers. Dans ce sens, elles sont toutes des idéologies de la purification. C'est à ce point précis, sans doute, que les théories politiques vont rencontrer et contribuer à nourrir ce vaste mouvement de dégradation des valeurs que connaît la société moderne. C'est également à ce point précis que s'établit une correspondance directe avec le thème – lui aussi utopique – d'une société du consensus et d'une « idéologie sans ennemi ».

Ce thème de la « purification » paraît évident et familier pour ce qui concerne le nazisme où l'idée d'une société meilleure par l'avènement d'une race pure et d'une nation ethniquement homogène implique, on le sait, le retrait et l'exclusion des « races inférieures » ou « impures » ainsi que des éléments « faibles » de la race, comme les malades mentaux par exemple. Mais le nazisme n'a pas le monopole de cette forme spectaculaire et meurtrière de l'exclusion politique, forme profondément mystérieuse et incompréhensible parce qu'au-delà de la raison.

A-t-on assez souligné que le communisme implique lui aussi, par nature, un retranchement, une disparition, celle des classes bourgeoises ? Chez Marx, rien, bien sûr, n'indique que cette disparition doive être physiquement celle des bourgeois en tant que personnes, mais la traduction si aisée de l'abstraction marxiste dans le léninisme et le stalinisme concret laisse quelque doute sur l'implicite qui courait dans la théorie. Car Lénine et Staline vont, eux, prendre au pied de la lettre cette idée de suppression de la bourgeoisie. Sont-ils des démons, incarnant le « Mal », comme le soutient Vladimir Volkoff[34] dans son curieux réquisitoire « pour servir au procès posthume de Lénine, Trotsky, Staline », ou bien sont-ils les acteurs plus passifs qu'on ne l'imagine d'une théorie dont l'histoire a permis l'incarnation ? Peu importe au fond.

Le communisme ne pouvait sans doute pas vivre, comme régime politique aussi bien que comme théorie, sans exclure, retrancher, sans mettre dans des camps et sans exécuter physiquement. Cette disposition lui est si constitutive que l'arrêt de cette répression interne, de ce mécanisme de purification permanente, a correspondu exactement à la fin du communisme comme idéologie et à la rupture des digues qui contenaient les valeurs du libéralisme au sein même des pays « socialistes ».

Il est en général admis que le nazisme, et, bien que ce ne soit pas entièrement comparable, le communisme sont des idéologies fondées sur l'exclusion. Mais, dira-t-on, est-ce vraiment le cas du libéralisme ? Celui-ci génère bien sûr des inégalités, mais fondamentalement ne porte-t-il pas l'idéal démocratique de l'égalité et des droits de l'homme ? N'y a-t-il pas quelque exagération à le ranger dans le camp des idéologies meurtrières ? Restons pour l'instant au XIXe siècle. Retenons d'abord que le libéralisme cohabite parfaitement avec le déni concret de ce que la Révolution française avait pourtant dessiné en termes de droits de l'homme. L'idéal de liberté, d'égalité et de fraternité entre tous les hommes reste en grande partie théorique. Libéralisme et démocratie ne se confondent pas.

---

34. Vladimir VOLKOFF, *La Trinité du mal*, Éditions de Fallois, L'Age d'homme, Paris/Lausanne, 1991.

Les États-Unis sont le pays où les valeurs du libéralisme sont mises en application et érigées en système politique suprême. Mais c'est également celui où est commis un génocide – au sens strict – qui apparaît *a posteriori* non pas comme une erreur grave ou une aberration de l'histoire, mais bien comme une nécessité fondatrice. Le massacre des Indiens, le viol systématique des traités qu'ils avaient été pourtant contraints de signer, la perpétuation d'une négation identitaire constituent un dramatique cas d'école de cette « nécessité » de l'exclusion dans laquelle se trouvent enchâssées les idéologies politiques du XIXe siècle.

Le libéralisme est lui aussi, de façon plus discrète mais tout aussi efficace, une idéologie de la purification, qui n'attend que l'histoire pour se réaliser concrètement. Laissons de côté pour l'argumentation – bien que cela en fasse pleinement partie – les pratiques racistes et colonialistes conduites à l'extérieur des pays occidentaux tout au long du XIXe siècle. Laissons même de côté l'exploitation effrénée des travailleurs (adultes comme enfants) dans les usines et les ateliers de la révolution industrielle. Oublions même la répression sauvage des révoltes ouvrières tout au long du XIXe siècle (qui fit en France des dizaines de milliers de victimes). Une idéologie d'exclusion a d'abord un ennemi intérieur. Or celui-ci est clairement désigné, non seulement par l'idéologie mais également par la science : tout au long du XIXe siècle, le libéralisme se lance en effet à la poursuite de l'« homme criminel », des « classes dangereuses » et du nomadisme.

Cette société serait « parfaite » en effet, si ne subsistait pas en son sein une marginalité insupportable, une souillure intolérable qu'il faut réduire, au besoin par la force ou par la technique. La police moderne va naître de cette nécessité, contenue en germe dans l'idée d'une société meilleure, parce que purifiée de ses miasmes. Le milieu et la fin du XIXe siècle vont en effet voir éclore une floraison de théories, mais aussi de pratiques scientifiques autour du thème du « type criminel », c'est-à-dire de ces hommes que l'on cherchera à identifier à leurs stigmates et qui constituent un « état de danger permanent pour la société ».

L'homme criminel, comme le remarque le psychanalyste Armand Zaloszyc, l'est à la fois du fait de son hérédité et du fait de son milieu social[35]. La théorie de la dégénérescence est en effet en vogue et B. A. Morel, auteur en 1857 d'un *Traité des dégénérescences de l'espèce humaine*[36], la définit comme « une déviation maladive du type normal de l'humanité ». Toutes ces thèses, comme le remarque Éric Heilmann, « auront des échos prolongés, non seulement dans la littérature populaire et la presse qui célèbrent les adversaires résolus de l'"armée du crime" ou l'"industrie du mal", mais aussi auprès du législateur qui, l'articulant avec une véritable nosographie des délinquants, définit une nouvelle hiérarchie des mesures pénales[37] ». La peine prévue pour ceux qui sont jugés comme « marqués par une définitive imperfection morale » est, bien plus qu'une simple privation de liberté, la relégation, forme juridique d'exclusion de la société. Les mesures techniques de police et de traitement de l'information concernant les personnes, qui découlent de cette nécessité d'identifier plus clairement les « types criminels » pour les séparer des « honnêtes gens », seront perfectionnées de façon continue et le régime de Vichy les utilisera à foison pour la répression raciale, notamment des juifs.

Une dernière remarque, sur un point qui généralement n'attire plus guère l'attention : l'acharnement mis par les sociétés libérales au XIXᵉ siècle à réduire le nomadisme. Ce phénomène très largement répandu auparavant ne concerne pas ici directement les « gens du voyage », Manouches, Gitans, Roms, mais plutôt tous ceux qui, « cheminots » un jour ou l'autre, faisaient traditionnellement du voyage une étape de leur vie. Cette antique dimension de la vie quotidienne a été quasi éradiquée, jusqu'à ce que chacun soit fixé, sous l'œil d'un pouvoir qui supporte finalement peu le mouvement. Nous retrouverons ce point par la suite sur notre chemin, car l'*Homo communicans* moderne n'aurait pas été possible sans cette fixation préalable de la pulsion nomadique dans laquelle une partie de la créativité de l'homme s'exprimait.

---

35. Armand ZALOSZYC, « Éléments d'une histoire de la théorie des dégénérescences dans la psychiatrie française », thèse pour le doctorat en médecine, université Louis-Pasteur-Strasbourg-I, 1975.
36. B. A. MOREL, *Traité des dégénérescences de l'espèce humaine*, Atlas, Paris, 1857.
37. Éric HEILMANN, « Des herbiers aux fichiers informatiques : l'évolution du traitement de l'information dans la police », thèse de doctorat, université des sciences humaines-Strasbourg-II, 1991, p. 61.

5

La communication, une valeur post-traumatique

Norbert Wiener a forgé son système utopique, où la communication joue un rôle central, à partir du constat de l'horreur. Sa référence obsédante à « la société de Bergen Belsen et d'Hiroshima » montre bien à quel niveau il situe ses préoccupations et les « solutions » qu'il préconise. Mais la pensée de Wiener, au début des années cinquante, n'est pas très connue. De plus, son système de pensée, au fur et à mesure qu'il s'est éloigné de ses bases proprement scientifiques, n'a pas évolué dans le sens d'une très grande rigueur. Il n'est pas abusif de dire à ce sujet que les thèses de Wiener ont une assez faible consistance interne. Ses arguments centraux sont bien souvent de simples analogies. Mais alors pourquoi le thème de la communication, au sens où Wiener l'entendait, a-t-il si bien « marché » ? On peut expliquer ce succès de deux façons complémentaires.

D'abord il faut bien reconnaître que les propositions de Wiener sont en parfaite résonance avec les mutations qui s'engagent dès l'immédiat après-guerre et que nous vivons encore aujourd'hui. La question dès lors n'est plus celle de l'influence des thèses de Wiener sur la société, mais bien plutôt celle de l'extraordinaire sensibilité de cet homme aux changements de son temps. C'est bien parce que le mathématicien du MIT exprime un sentiment encore diffus, une mutation anthropologique qui va se révéler profonde, que ses propos ont une telle résonance. Les théories de Wiener ne sont bien sûr pas à l'origine de cette mutation qu'elles ne font que guider et accompagner. On pourrait même soutenir – mais c'est là pure spéculation – que l'évolution décrite par

Wiener se serait sans doute déroulée sans sa participation. Il n'en reste pas moins – et ceci constitue la deuxième raison du succès des théories de la communication – que ses travaux ont connu une diffusion infiniment plus large qu'il n'y paraît au premier abord. Cette diffusion, comme nous le verrons au chapitre suivant, se fait d'ailleurs par des voies tout à fait originales, souvent discrètes ou inattendues, à la fois par les canaux de l'influence intellectuelle classique et par l'intermédiaire des machines qui concrétisent et « portent » ces nouvelles idées. Les théories de la communication, l'anticipation de leur rôle social vont stimuler à la fois l'imaginaire des ingénieurs et le mouvement concret de l'innovation technique. En retour, l'usage répété de techniques lourdement chargées de sens et de messages utopiques contribue, d'une façon détournée mais efficace, à répandre le thème de la communication dans la société.

La compréhension des grandes étapes du « calendrier » de cette seconde moitié du XXe siècle est essentielle pour comprendre la progression du thème de la communication dans notre culture et nos représentations. La diffusion des grands thèmes de l'utopie de la communication commence dès 1942 et surtout à partir de 1948. Elle va toutefois être freinée et en partie occultée par le vaste écran idéologique que constitue la guerre froide. Cette dernière, véritable prolongement de la « guerre de Trente Ans » du XXe siècle, va partiellement figer les évolutions entamées dès l'après-guerre. Aussi n'est-il pas étonnant que les grandes résurgences publiques du thème de la communication coïncident presque exactement avec les grandes étapes du desserrement de l'étau de la guerre froide, jusqu'à la formidable explosion des années quatre-vingt. Mais ce temps de la guerre froide a permis aussi la lente maturation d'une notion qui connaît d'abord un succès dans des cercles restreints avant de devenir le véritable lieu commun de la modernité.

Une triple réponse à la crise

Norbert Wiener est ainsi un des penseurs qui ont le plus marqué la seconde moitié du XXe siècle. Cette affirmation contient plusieurs paradoxes. Car ce penseur influent a été systématiquement – et souvent volontairement – oublié. Et puis, si l'on admet à la fois que ses théories n'ont qu'une très faible consistance interne et qu'en même temps elles ont profondément influencé la culture contemporaine, il faut alors se demander ce que vaut notre époque. La conclusion provisoire à laquelle on peut parvenir pour lever ce paradoxe est que c'est parce qu'elle intervient dans une situation de vide à la fois sur le plan des valeurs et sur celui des systèmes de représentation politique, que l'utopie de la communication a connu progressivement un tel succès.

L'extension de l'espace de l'argumentable

La conséquence centrale, majeure, de la crise des valeurs et du politique est sans doute l'ouverture sans précédent dans l'histoire de l'humanité de ce que l'on pourrait appeler l'« espace de l'argumentable ». La perte des points de repère, mais surtout l'idée selon laquelle les points de repère ne sont pas nécessaires pour l'action, témoigne d'une certaine façon de l'état de délabrement dans lequel se trouvent les sociétés d'après-guerre. En termes profondément pessimistes, George Steiner évoque l'« anthropologie envahissante, relativiste, refusant les jugements de valeur, [qui] imprègne maintenant notre image du "moi" et de "l'autre"[1] ». Tout, désormais, relèverait de l'argumentation et pourrait être discuté. Dans cette optique, le développement des moyens de communication apparaît naturellement comme la première des priorités et les nouvelles conceptions qui font la promotion du thème de la communication fournissent un cadre bien nécessaire à cette ouverture tous azimuts. Sans ce cadre minimal, le relativisme ambiant produirait à son tour un tourbillon sans frein.

L'insistance mise sur une valeur qui fait la promotion de la transparence plutôt que d'un contenu nous oriente vers la voie de la compréhension du lien intime, profond, quasi structurel, qui s'établit entre la possibilité du meurtre en secret et l'obsession moderne, dont les médias ne sont qu'une conséquence, d'une transparence absolue. Rien, plus rien, ne doit désormais se passer dans un coin obscur de l'humanité. La planète communication est parcourue par ceux qui traquent l'ombre dans laquelle peut se commettre, potentielle-

---

1. George STEINER, *op. cit.*, p. 95.

ment, les pires forfaits. Le secret absolu dans lequel le génocide nazi, comme prototype de tous les génocides désormais possibles, a été commis, a bien un contrepoint : l'obsession de la communication permanente et transparente, obsession utopique, bien sûr, et bientôt détournée, mais obsession bien présente désormais au cœur de notre culture, où elle fonde l'ethos implicite des médias.

Le thème de la communication, sous sa forme utopique, va ainsi constituer une triple réponse, parfaitement acceptable dans le contexte, à la crise du XXe siècle et aux dégâts commis par la barbarie moderne. A l'idée selon laquelle tous les hommes ne sont pas des hommes, les nouvelles conceptions vont opposer une vision encore plus universaliste que celle proposée par les Lumières. Non seulement tous les hommes sont des hommes, pleinement, mais au-delà des hommes, certains « êtres » – les machines intelligentes – peuvent prétendre à l'accession à l'humanité. La liste des « partenaires potentiels » de l'acte de communication s'étend jusqu'à dépasser largement l'humanité en tant que telle. Face à la crise générale des valeurs, la communication va apparaître à la fois comme une nouvelle valeur, mais une valeur vide, non moraliste, puisqu'elle n'intervient pas sur le contenu des rapports entre les hommes. Enfin, le modèle utopique d'une nouvelle société – la « société de communication » – va pouvoir constituer une alternative crédible à la crise des systèmes de représentation politique, à la désaffection pour les idéologies.

Il est essentiel de souligner l'originalité du thème de la communication. Bien sûr, il s'agit d'une nouvelle « valeur », mais celle-ci est très particulière car elle n'a pas de contenu. C'est une valeur pragmatique, une valeur d'action : « Communiquez ! » quel que soit ce que vous communiquez. Elle répond ainsi à une double nécessité, l'une historique, l'autre anthropologique. Historique car l'époque est celle de la crise généralisée des valeurs traditionnelles et de leur contenu. Le thème de la communication reprend ainsi à son compte cette crise en allant en quelque sorte dans le sens de l'histoire : « Le contenu n'a pas d'importance, pourvu que ça communique. » Mais, sur un plan anthropologique, une société peut-elle se passer d'un système de valeurs ? Il semble que non. La communication fait donc office de valeur et maintient ainsi un repère pour l'action humaine. Dans ce sens c'est une

« valeur-cadre », qui correspond bien à l'extension de l'espace de l'argumentable, plutôt qu'une valeur dotée d'un contenu déterminé et nouveau.

Le renouvellement de l'utopie

La société de communication que nous propose Wiener est, elle aussi, une réponse à la crise des idéologies politiques. La cartographie de la progression dans la société, notamment occidentale, du thème de la communication, met en évidence un parallélisme flagrant avec le mouvement de retrait des grandes idéologies. La nouvelle utopie a été conçue au plus fort de la crise du lien social, dans les années quarante. Sans le mouvement de reprise de l'affrontement idéologique entre les vainqueurs du conflit (le communisme soviétique et le libéralisme américain), les thèmes wienériens se seraient sans doute répandus plus rapidement. La dynamique propre à la guerre froide, l'alternative exclusive ainsi proposée entre les deux grands monstres idéologiques ont largement contribué à ce que l'utopie de la communication n'exerce qu'une influence souterraine pendant toute cette période.

Les premiers signes de déclin, à la fois du communisme et du libéralisme, comme projets susceptibles de mobiliser politiquement les foules, sont corollaires de l'émergence des grands thèmes de la communication. L'échec américain au Vietnam en 1975, qui suit la crise pétrolière de 1973, la fin des illusions de la société de consommation, puis la perte de confiance dans les vertus du communisme après la révélation du génocide cambodgien (1978) et l'échec économique aussi bien en URSS que dans les pays socialistes du tiers monde, comme Cuba, marquent la fin d'une époque. C'est à ce moment précis que s'imposent en force d'abord l'idée d'une « révolution informatique », puis celle d'une « société de l'information ». La fin de la guerre froide dans les années quatre-vingt va sonner le glas du politique, du moins des théories qui sont identifiées aux deux grandes idéologies des vainqueurs de 1945.

Le thème de la « société de communication » s'ajuste très bien à la fois à ce retrait du politique et à la nécessité incontournable d'avoir à imaginer un mode d'organisation sociale qui permette de s'adapter au changement. Le refus du politique ne peut toutefois tenir lieu, à lui seul, de politique.

C'est dans ce sens qu'il faut comprendre le succès de ce modèle d'« anarchisme rationnel » que Wiener a formulé. L'anarchisme politique est sorti indemne, en tant que système, de l'affrontement des trois autres grandes familles idéologiques qui se sont cristallisées au XIXᵉ siècle. L'anarchisme est certes une idéologie, très largement utopique, mais elle a pour elle son pragmatisme apparent, son refus d'une théorie de l'État et son désir de sortir du cadre de toute relation de pouvoir. L'anarchisme, à y regarder de près, incarne à la fois l'affirmation de l'individu comme maître absolu de son destin et l'affirmation de la nécessité d'un lien social fort, égalitaire et rationnel.

Dans ce sens, les valeurs modernes de la communication qui exaltent à la fois l'individu et le collectif sont bien, d'une certaine façon, des valeurs de type anarchiste. Le fonds des idées héritées du XIXᵉ siècle a été enrichi et fécondé par l'appel au thème de la rationalité, une des rares valeurs qui ait survécu dans la débâcle générale. Le thème de la société de communication maintient également ce dont nos sociétés ne semblent pas vouloir se priver : un certain idéal utopique, la vision d'une société meilleure. Mais la réponse qu'elle apporte est là aussi parfaitement adaptée aux mutations de l'époque. L'utopie de la communication est en effet différente des utopies précédentes au sens où la problématique même de l'utopie pourrait bien avoir été, par la même occasion, renouvelée de fond en comble. Certes, les techniques ont toujours charrié avec elles, semble-t-il, un projet utopique[2] (comme par exemple l'électricité au XIXᵉ siècle), mais la situation paraît différente avec les techniques d'information et de communication.

L'utopie de la communication nous promet-elle une société meilleure ? Dans un sens, oui, et cela la rapprocherait des utopies classiques. La consommation des objets et des machines est très souvent associée, dans une perspective globalement publicitaire, à un « mieux-être communicatif ». Mais, dans un autre sens, ce mieux-être communicatif semble plutôt avoir comme fonction d'éviter une perte que d'obtenir un gain. Il n'est pas un « mieux-être », mais plutôt un « moins mal-être ». C'est parce que le monde est obscur que le thème de la transparence sociale obtenue grâce aux médias, thème

---

2. Serge PROULX, « De l'utopie sociale à l'idéologie de la communication », *CinémAction*, n° 63, mars 1992.

utopique s'il en est, connaît un certain succès. C'est parce que l'homme a des comportements irrationnels que les technologies de traitement de l'information seraient l'occasion d'une véritable « révolution ».

Mais là où les anciennes utopies nous proposaient un monde meilleur, l'utopie moderne, telle qu'elle est revisitée par le thème de la communication, ne nous propose que d'empêcher la dégradation du monde. Ce qui est d'ailleurs normal car la communication n'est au fond rien d'autre que la lutte contre l'entropie. La communication en elle-même ne produit pas d'information, elle ne fait que lutter contre ce qui empêche l'information de circuler.

Cette version utopique de la communication est tout à fait conforme à l'esprit du père fondateur de la communication moderne, Norbert Wiener, qui ne voyait finalement là que la capacité de l'homme à maintenir des îlots provisoires d'organisation dans un océan d'entropie qui de toute façon emporterait tout sur son passage. Le lieu culturel où l'humanité est censée représenter son avenir a donc subi une étrange distorsion puisqu'il s'est vidé, provisoirement peut-être, de sa capacité à imaginer un futur en termes de progrès.

Un « homme sans intérieur »

Au moins autant que d'un nouveau système de valeur ou que d'un renouvellement de l'utopie politique, la seconde moitié du siècle avait besoin d'un nouveau modèle de l'homme, d'une représentation alternative à cet homme de l'humanisme qui avait failli ou à ces « hommes nouveaux » totalitaires qui n'existaient que grâce au mépris et éventuellement au meurtre des « hommes anciens ». C'est sur ce point que les formulations de Wiener, sa construction de l'homme le plus universel que l'on ait jamais connu, vont peut-être avoir le plus d'impact.

Le nouveau modèle de l'homme est rationnel et transparent. La première opération consiste à le détacher de son corps biologique afin de le traiter comme un pur être de communication. Le corps humain, dans cette perspective, n'est plus qu'un « support », qui présente d'autant moins d'intérêt en tant que tel qu'il est physiquement fragile et faillible intellectuellement. En contrepartie, l'*Homo communicans* est un homme protégé contre tout arraisonnement du corps, contre toute possibilité de marquer définitivement son être par la filiation, un homme finalement protégé contre l'homme par son dépassement, son extériorisation dans la communication. Cet homme nouveau ne peut plus – à condition qu'il évolue dans une société de communication – être l'objet d'un quelconque racisme, puisque la race fait appel à la biologie et que la biologie n'a plus rien à faire avec ce nouvel homme-là. Au sens de Legendre, cet être est intégralement « décorporalisé ». Supprimez le corps, vous aurez supprimé le meurtre.

Il faut sur ce point lire les phrases lumineuses de Pierre Legendre au sujet du retournement opéré par le « passage à l'acte hitlérien », qui désarticule toute la construction du système juridique occidental « par une mise en scène de la filiation comme pure corporalité[3] », là où le progrès de l'humanité avait passé par « la décorporalisation du mode d'entrée dans la filiation ». En contrepoint, l'homme moderne idéal est un être sans filiation obligée, tout entier information et de ce fait intégralement décorporalisé. L'absence de corps est ainsi conçue comme la meilleure protection contre une barbarie qui prend appui sur la corporalisation de la filiation. Le nouveau concept d'humanité que l'utopie de la communication nous propose est ainsi censé détruire les bases du racisme. C'est sans doute là une de ses justifications majeures.

La deuxième opération consiste à faire de l'homme un être purement social, pilotant son destin rationnellement en fonction de contraintes externes plutôt que « dirigé de l'intérieur » par des valeurs. Cet homme nouveau s'oppose en contrepoint presque parfait à l'homme de Nietzsche, qui dominait jusque-là. Rappelons que Nietzsche distingue deux types d'humanité, le type actif, celui du maître, et le type réactif, celui de l'esclave, créateur de la morale et de la culture. Très curieusement, le philosophe va décrire le maître comme dirigé de l'intérieur. Nietzsche va plus loin encore en affirmant que rien ne « nous garantit que la démocratie moderne et surtout cette tendance à la *commune*, à la forme sociale la plus primitive [...] ne soient pas, dans l'essence, un monstrueux effet d'*atavisme* – et que la race des conquérants et des *maîtres*, celle des Aryens, ne soit pas en train de succomber, même physiologiquement[4] ». L'homme du lien social qui va

---
3. Pierre Legendre, *op. cit.*, p. 20.
4. Friedrich Nietzsche, *op. cit.* (1964), p. 35.

constituer l'idéal moderne de la communication se forme ainsi comme une antithèse presque parfaite de l'homme « supérieur » de Nietzsche. Il cesse d'être dirigé de l'intérieur par des forces obscures qui ne peuvent conduire qu'à la violence, l'exclusion de l'autre et la barbarie, pour se soumettre aux véritables contraintes de la vie en société. La société de communication se construit ainsi dans le refus de l'exclusion.

Il est frappant de constater que la formation des principaux thèmes de l'utopie de la communication est une entreprise qui fonctionne presque trait pour trait en contrepoint des conceptions classiques dont elle constate par ailleurs l'échec. Notre société est ainsi comme le malade qui se réveille après un accident grave, qui l'a atteint en profondeur et dont il se sent responsable, et qui trouve la source de sa nouvelle joie aux endroits précis où il cesse de souffrir. Les valeurs de la communication apparaissent ainsi comme des valeurs réactionnelles, en quelque sorte post-traumatiques.

Les voies originales de la diffusion d'une nouvelle valeur

Comment la communication, comme nouvelle valeur, a-t-elle pénétré dans le tissu social ? Comment est-elle parvenue à irriguer, puis à nourrir nos représentations les plus modernes ? Il y a bien en effet une trajectoire, entre ce moment initiateur où une poignée de chercheurs se regroupent autour de la nouvelle notion et la situation actuelle où l'emploi du terme communication s'est fortement généralisé au point de constituer une alternative aux visions traditionnelles du monde et de la politique. On remarquera tout d'abord ce phénomène étrange : peu d'auteurs ont, jusqu'à présent, établi un lien entre les valeurs de la modernité et ces textes qui, vieux d'à peine cinquante ans, en constituent pourtant l'argumentaire complet. Il y a là un chaînon manquant sur lequel il faut s'expliquer.

Il est vrai que la cartographie des grandes voies de diffusion empruntées par la nouvelle notion depuis 1942 n'est pas si simple à reconstituer. On relèvera ici deux grands axes. Le premier est assez classique, car la communication, en tant que valeur, se répand par l'intermédiaire de discours sociaux finalement assez repérables si l'on veut bien accepter de reconstituer le puzzle qu'ils forment. L'autre est plus difficile à cerner car il s'agit d'un mode de diffusion à la fois original et en grande partie invisible (ce qui est un comble pour une valeur qui fait autant la promotion de la transparence). La communication se diffuse en effet comme valeur à travers le mouvement de l'innovation et par l'intermédiaire des objets techniques auxquels elle est incorporée. Dans le premier cas il s'agit d'une influence intellectuelle et culturelle directe, dans l'autre d'une sorte d'imprégnation par les usages que l'on peut faire d'objets ou de techniques servant à communiquer.

Un chaînon manquant

Comment les chercheurs et les essayistes expliquent-ils habituellement cette importance croissante prise par le thème de la communication dans notre société ? Peu de recherches ont été entreprises jusqu'à présent pour reconstituer cette trajectoire, ou plutôt ces trajectoires multiples. Bizarrement, lorsqu'il s'agit d'expliquer comment, dans quelles circonstances historiques, ou au moins au sein de quels enchaînements, la communication a ainsi fait irruption dans notre quotidien le plus intime, la plupart des auteurs qui ont travaillé sur la « post-modernité » ou la « société de communication » sont muets.

Jean Baudrillard, par exemple, est silencieux sur ce point. Mieux : il refuse de l'évoquer, prétextant que la post-modernité aurait complètement englouti, absorbé sa propre historicité et que du coup on ne pourrait aujourd'hui rien dire sur cette histoire. Le philosophe italien Gianni Vattimo[1], pourtant fin observateur de la « société de communication », ne dit rien sur son origine, sinon peut-être qu'elle incarne certains des idéaux des Lumières. Jean-François Lyotard n'épuise pas non plus le sujet, même si le rapport qu'il établit entre la fin des grands récits idéologiques et certains traits de la modernité est une piste intéressante dans cette perspective. Seul Lucien Sfez[2] cherche véritablement à situer historiquement les sources de ce changement. Son explication du développement de la communication comme relevant d'une évolution continue du libéralisme américain décrit un

---
1. Gianni VATTIMO, *La Société transparente*, Desclée de Brouwer, Paris, 1990.
2. Lucien SFEZ, *Critique de la communication*, Seuil, Paris, 1988.

phénomène réel, une certaine collusion entre l'idéologie libérale et l'utopie de la communication. Mais ne faut-il pas voir dans cette collusion une interprétation tardive (datant des années soixante-dix et quatre-vingt) plutôt qu'une consubstantialité d'origine ?

Il y a là, dans les quelques analyses qui nous sont proposées, un véritable chaînon manquant, entre la société d'« avant », où dominent les idéologies d'exclusion et les combats politiques meurtriers, et la société qui se profile aujourd'hui, celle des médias et des techniques de communication, celle qui veut faire croire au consensus politique, à la « fin de l'histoire » et à la « mort des idéologies ». Cette absence d'explication est une anomalie. Tout se passe comme si parler de la modernité obligeait à ne plus parler d'histoire, comme si le lecteur d'un livre sur la modernité était censé ne s'intéresser qu'au présent et au futur à l'exclusion de toute référence au passé. En reproduisant l'a-historicité dont l'utopie de la communication est porteuse, ces auteurs n'ont-ils pas repris à leur compte, sans la critiquer, une des valeurs qu'ils sont censés pourtant nous faire comprendre ? La recherche de ces racines est pourtant indispensable aujourd'hui si l'on veut comprendre cette dimension importante de la société moderne.

L'obstacle du déterminisme

Cette recherche se heurte cependant à un obstacle qu'il faut tenter de lever : la réflexion sur la communication est aujourd'hui dominée par un paradigme très incomplet, sinon erroné dans son fondement. Ce paradigme freine considérablement toute velléité d'explication en termes historiques. On s'accorde en effet à croire que les comportements de l'homme aujourd'hui et, de manière plus générale, le mode de vie moderne seraient largement déterminés par les outils nombreux et variés qui existent notamment dans le domaine de la communication. Si, par exemple, la communication indirecte se développe tant, c'est parce que l'homme moderne aurait à sa disposition des outils nombreux et variés, comme le téléphone, le fax, les réseaux d'ordinateurs, etc.

L'aspiration à des comportements plus rationnels, qui semble une autre caractéristique majeure des sociétés développées, viendrait de ce que nous utilisons de plus en plus l'ordinateur, qui est un outil très contraignant de ce point de vue, puisqu'il est fermé à tout autre mode de traitement que la logique. De la même façon, la consommation effrénée d'images, de fictions et d'informations, un certain changement de nature du rapport au monde seraient directement provoqués par la présence massive de la télévision dans les foyers.

Ce modèle explicatif doit une grande partie de sa vigueur à un auteur pourtant largement contesté — et contestable —, Marshall McLuhan, qui croyait que chaque grande étape du développement technique dans le domaine de la communication (l'écriture, l'imprimerie, les médias modernes) induisait de profondes transformations sociales et culturelles. Le point de vue déterministe qui veut que les techniques induisent de l'extérieur le changement social réduit l'histoire de ces changements à la simple explication étroite et simplificatrice où le seul acteur vraiment décisif du changement est l'ingénieur et la seule histoire qui vaille, celle des objets qu'il met au point. Rien d'étonnant, dès lors, qu'on ne s'interroge guère sur l'histoire des sociétés proprement dites, et que la modernisation n'ait jamais de passé. Rien d'étonnant non plus qu'on ne parle plus du futur qu'en termes de « nouvelles technologies », et non par exemple en termes de projet de changement politique.

Certains arguments de ce paradigme sont toutefois entendables : il serait vain en effet de nier que l'usage d'un outil transforme peu ou prou son utilisateur. Le téléphone, comme la télévision, a sans doute induit de nouvelles modalités de communication et de consommation de l'information, de même que l'ordinateur oblige à un certain mode de formulation des problèmes qu'on lui soumet. Mais aller trop loin dans ce sens conduirait à une impasse : à trop décrire l'homme moderne comme le pur produit des techniques qu'il utilise, on en fait le jouet passif des événements. L'être humain aujourd'hui est-il réductible à une marionnette dont chaque fil correspondrait à l'une des nouvelles technologies qu'il a mises au point ? Ce point de vue, sous-jacent par exemple à l'analyse de Jacques Ellul[3], pour qui l'homme est désormais l'objet d'une véritable inclusion dans le « système technique », fait de la technique — et des techniciens — un *deus ex machina* bien éloigné de la réalité.

---

3. Jacques ELLUL, *Le Bluff technologique*, Hachette, Paris, 1988.

La question ici ne consiste-t-elle pas plutôt à se demander d'où vient que nous nous laissions faire si passivement par les techniques, notamment les techniques de communication, et que nous leur accordons tant de place ? La présence des techniques dans notre environnement n'est pas en soi un facteur suffisant pour expliquer l'engouement — d'ailleurs contradictoire — qu'elles provoquent.

En matière de technologies de communication modernes, on sait, et les textes présentés dans les derniers chapitres de ce livre l'attestent, que la « société de communication » a été décrite en même temps, parfois même avant que les techniques correspondantes n'aient été inventées. Rappelons tout de même, car cela a de l'importance pour la démonstration, que l'ordinateur est inventé dans son principe en 1945, qu'il fonctionnera pour la première fois, à titre de machine expérimentale, en 1948, et que les premières applications civiles ne seront développées qu'à partir des années cinquante[4]. Le parallèle pourrait être fait pour la télévision, qui ne devient un véritable média de masse (du moins aux États-Unis) qu'à cette époque-là.

Le thème de l'individu qui vit seul, entouré de multiples robots et n'échangeant avec ses semblables que par l'intermédiaire de machines à communiquer, n'a pas attendu le développement de la télématique et des réseaux pour être formulé avec clarté, au moins vingt ans avant les découvertes effectives des ingénieurs. En fait, pour qui veut bien se donner la peine de prendre connaissance des archives dans ce domaine, nous avons sous les yeux, dans les années quarante, à bien des égards décisives, un discours complet qui décrit, fait la promotion et accompagne le mouvement de l'innovation en matière de techniques de communication.

Ces documents d'archives fonctionnent comme de véritables « textes cachés », non qu'on ne puisse y accéder, mais parce que leur contenu révèle, paradoxalement, une certaine « ancienneté » de notre modernité. L'analyse de ces textes nous met sur la voie du chaînon manquant qui relie un passé en train de s'achever à une modernité en train de se mettre en place. Face à cet argumentaire, nous sommes aujourd'hui dans une véritable situation de « cryptomnésie » : nous

---

4. Philippe BRETON, *Une histoire de l'informatique*, La Découverte, Paris, 1987 (nouvelle édition, coll. « Point-science », Seuil, Paris, 1991).

identifions comme nouveau quelque chose que nous connaissons déjà mais que nous avons oublié comme tel (un esprit à la fois conservateur et pessimiste pourrait soutenir que c'est sans doute le cas pour l'essentiel des découvertes de l'homme). Il est en effet étonnant de voir agiter aujourd'hui, comme nous y invite l'« idéologue du futur » Alvin Toffler, l'idée, brandie comme nouvelle et originale, selon laquelle l'information et la communication deviennent désormais à la fois la mesure de toute chose et le centre actif de notre société. Il est donc nécessaire de reconstituer les trajectoires qu'a empruntées la diffusion de la notion de communication dans notre société, afin, simplement, de retrouver la mémoire de la progression, pas à pas, de son influence. On distinguera d'une part les modalités « classiques » de l'influence intellectuelle et d'autre part ce phénomène plus difficile à cerner mais tellement déterminant dans le quotidien qu'est l'imprégnation par les usages des nouvelles machines à communiquer.

L'imprégnation par les usages

En effet, la communication comme valeur, notamment dans ses aspects les plus utopiques, ne s'est pas diffusée dans la société uniquement par la voie de la contamination directe des idées. Celle-ci pourrait même ne pas avoir joué le rôle le plus déterminant au regard de cette voie spécifique que constitue la diffusion indirecte des valeurs par l'intermédiaire de l'usage des nouvelles technologies de communication. Les nouvelles machines à communiquer qui peuplent progressivement notre environnement quotidien constituent peut-être les véritables chevaux de Troie de l'utopie de la communication, au sens où elles sont le vecteur concret de projets qui ont été conçus avant même que ces machines n'aient été inventées. Malgré les détournements dont les techniques peuvent être l'objet[5] — et parfois grâce à eux —, chaque micro-usage d'une machine à communiquer provoque un partage implicite des valeurs dont elle est porteuse.

Pour comprendre ce phénomène original d'imprégnation

---

5. Voir à ce sujet les travaux de Jacques PERRIAULT, notamment *La Logique de l'usage, Essai sur les machines à communiquer*, Paris, Flammarion, 1989.

qui paraît assez spécifique à notre époque, il faut distinguer les différentes étapes du phénomène. Il y a d'abord celle de l'invention d'une nouvelle machine ou d'une technique. Dans le domaine de la communication, certaines techniques ont été inventées en rapport direct avec le projet de fournir les éléments moteurs de la construction d'une « société de communication ». Dans le cas de l'ordinateur, ce projet est antérieur à la construction des premières machines. La deuxième étape est constituée par la formulation de ce que l'on pourrait appeler un discours d'accompagnement, dont l'objectif est de guider clairement l'usage qui sera fait des nouvelles technologies et d'indiquer le sens qui devra ainsi leur être donné. La troisième étape consiste à laisser faire par elles-mêmes des techniques qui ont été ainsi lourdement chargées de sens : une sorte d'alchimie mystérieuse permet le transfert vers ceux qui s'en servent des idéaux que ces machines incarnent initialement. Cet enchaînement, brossé ici à gros traits, pourrait apparaître un peu mécanique s'il supposait une claire conscience de tous les acteurs impliqués dans le processus d'innovation. Ce qui n'est bien sûr pas toujours le cas. L'exemple de l'ordinateur est particulièrement parlant pour illustrer les grandes étapes de cet enchaînement. On voit bien à travers lui que le discours utopique produit au moins autant les techniques que l'inverse.

L'ordinateur, cheval de Troie de l'utopie de la communication

Les conditions dans lesquelles l'ordinateur a été inventé sont connues[6], mais on rappelle rarement le contexte idéologique global qui donne son sens à la nouvelle machine. L'invention de l'ordinateur, en 1945, doit pourtant être située clairement à l'intersection de la crise du savoir et des idéologies — qui débute avant même que la guerre ne soit matériellement terminée — et de l'utopie de la communication naissante, dont il sera un véritable cheval de Troie. Cette invention de l'ordinateur ne répond pas directement à un besoin, au sens où une nouvelle machine est mise au point sous la pression d'une nécessité, en réponse à un cahier des charges clairement défini. Les machines à calculer classiques

---

6. Philippe BRETON, *op. cit.*

dans le domaine scientifique, comme les machines mécanographiques dans le secteur de l'entreprise, suffisent alors largement à satisfaire leurs utilisateurs, d'autant plus que d'immenses progrès ont été réalisés dans cette direction grâce à l'électronique.

L'ordinateur en tant que tel, répond à une autre logique. Au début, à l'étape même de sa gestation, l'ordinateur est investi symboliquement d'une charge négative. Dans un certain sens, l'ordinateur est le même objet que la bombe : un seul objet technique qui présente une double face, l'une diabolique, l'autre angélique, en forme de contrepoint et de rachat moral. Cela peut paraître surprenant. Les deux événements concernent pourtant les mêmes hommes. Le biographe de von Neumann, Steve Heims, affirme de façon convaincante que celui-ci voyait les machines qu'il construisait comme une « extension de lui-même », permettant de dépasser les limitations humaines. Or von Neumann est à la fois celui qui invente l'ordinateur et celui qui, entre autres travaux sur le sujet, calcule la hauteur exacte à laquelle la bombe devait exploser pour causer le maximum de destruction[7].

Là où la bombe est le sommet des réalisations de l'ancienne science, compromise avec la barbarie, l'ordinateur annonce — nous sommes bien sûr ici dans le domaine de l'espoir — une société nouvelle, où la rationalité l'emportera sur la folie meurtrière. Moralement, l'ordinateur représente, pour beaucoup de scientifiques de l'après-guerre, le rachat des péchés nucléaires. La nouvelle machine génère de l'ordre et de l'information là où le nucléaire est un effort constant pour libérer du désordre, accroître l'entropie. Souvenons-nous que, jusqu'à la première explosion expérimentale dans un désert américain, un doute affreux a subsisté dans l'esprit des chercheurs : la réaction en chaîne provoquée localement s'arrêterait-elle ? On peut voir là une vaste métaphore de la situation qui a régné pendant la « guerre de Trente Ans » : jusqu'où la dissolution du lien social irait-elle ? Von Neumann, comme mathématicien, calcule le modèle exact de l'implosion de la bombe. Il invente également la machine qui va servir à inverser le courant de l'entropie sociale.

De la même façon, l'analyse implicite de von Neumann,

---

7. Steve J. HEIMS, *op. cit.*, p. 265.

notamment à travers la théorie des jeux, consiste à dénier aux hommes politiques la capacité à diriger rationnellement la société. Au sortir d'une longue période d'affrontements militaires que les politiques soit ont provoqués eux-mêmes, soit ont été incapables de contrer, l'idée du transfert de la prise de décision stratégique et politique aux machines intelligentes ne pouvait qu'avoir un certain succès. Cette idée sous-tend en tout cas l'effort de nombreux scientifiques qui y voient une contribution majeure au progrès de l'humanité.

Ce thème est au centre en tout cas de la pensée de Wiener, pour qui seules les machines intelligentes sont capables de rompre ce face-à-face stérile de l'homme et de la nature. Ces nouveaux « partenaires » ajoutent en quelque sorte la quantité de rationalité nécessaire pour inverser le sens de l'entropie. Sans de telles machines, la société humaine, livrée à elle-même, court à sa perte. Pour le mathématicien du MIT, l'histoire de l'humanité n'est pas celle de l'amplification de la barbarie. Seule la nouvelle science des communications permettra de rompre ce cycle infernal, pourvu que l'homme, ce décideur fou, accepte de transférer ses compétences et ses prérogatives aux machines qu'il a conçues dans ce but.

Retenons simplement, car ce point est essentiel, que cette problématique du transfert de la décision et de la responsabilité aux machines se développe avant l'invention de l'ordinateur. Cette nouvelle machine est directement le fruit de l'utopie et elle a été conçue pour en être l'un des points principaux d'application concrète. L'ordinateur, de ce point de vue, est bien le cheval de Troie de l'utopie dans la société moderne au double sens de la transparence sociale qu'il permet d'obtenir (un monde informatisé est un monde entièrement explicité) et de la rationalité qu'il injecte dans les processus humains, notamment ceux de la décision.

En même temps que l'ordinateur est inventé (les plans de la nouvelle machine datent de 1945 et le premier modèle fonctionne en 1948), se diffuse le discours qui va à la fois lui donner son sens et préparer les conditions de son usage. Dès 1948 par exemple, l'un des acteurs français de cette véritable opération de construction idéologique annonce, dans un article du journal *Le Monde*[8], l'existence de la nouvelle

---

8. Dominique DUBARLE, « Vers la machine à gouverner », *Le Monde*, 28 décembre 1948.

machine. Cet article vaut d'être analysé dans le détail[9]. Il sera d'ailleurs largement commenté par Norbert Wiener dans *Cybernétique et société*. Son auteur, Dominique Dubarle, y décrit d'abord dans le détail la plupart des usages que cette machine pourra avoir dans l'avenir. Cette anticipation, qui se révélera juste pour l'essentiel, ruine d'un coup toutes les explications déterministes selon lesquelles on aurait découvert après coup les merveilleux usages que l'on peut faire de l'ordinateur. Mais Dubarle ne se contente pas de cette description étonnamment précise de l'avenir. Son article informe clairement le lecteur que l'ordinateur est tout sauf une question de « pure technique ». L'article s'intitule d'ailleurs « Vers la machine à gouverner » et porte comme sous-titre « Une nouvelle science: la cybernétique ». Dubarle y annonce directement et sans ambages que désormais « nous pouvons rêver à un temps où la machine à gouverner viendrait suppléer — pour le bien ou pour le mal, qui sait — l'insuffisance aujourd'hui patente des têtes et des appareils coutumiers de la politique ».

Cet argument majeur signe en quelque sorte l'ordre de mission dont tous les informaticiens seront ultérieurement porteurs, sans forcément d'ailleurs avoir clairement conscience de la portée d'ensemble de leur action. L'informaticien américain J.W. Forrester — on lui doit l'invention des mémoires en tores de ferrite ainsi que la mise en œuvre de l'outil informatique utilisé par le Club de Rome — affirmera ainsi sans sourciller que les « sociétés humaines sont désormais trop complexes pour être dirigées par les hommes[10] ».

A partir de là va s'affirmer progressivement l'idée qu'une véritable « révolution » est en marche, la « révolution informatique ». Une floraison d'ouvrages, d'articles spécialisés mais aussi progressivement d'articles dans la grande presse sont alors publiés autour de ce thème. L'humanité est appelée à un « virage indispensable et inévitable ». Il ne faut pas moins que réorganiser la société dans son ensemble pour permettre à l'informatique de libérer tout son potentiel créateur. Partout les informaticiens se sentent mobilisés: ils sont les

---

9. Reproduit dans le n° 21 de la revue *Culture technique*, Paris, 1990, revue éditée par le Centre de recherche sur la culture technique.

10. Cité par Joseph WEIZENBAUM, *Puissance de l'ordinateur et raison de l'homme*, Éditions d'informatique, Paris, 1981.

militants de la société de demain, ceux qui apportent l'ordre, la clarté, le progrès dans une société qui en a bien besoin. Un nouveau parti est né : le « parti informatique » dont l'objectif n'est rien moins que de faire advenir la « société d'information et de communication ». Ainsi chargé de sens, l'usage des ordinateurs, notamment au sein de la « tribu informatique[11] », concourra largement au développement des croyances utopiques dans ce domaine.

Les quatre voies de l'influence intellectuelle

La communication, parallèlement au développement des techniques, va prendre une place de plus en plus importante dans les sciences, les discours intellectuels et la littérature, et, pour finir, dans la culture. On peut repérer quatre grandes voies de pénétration de ce qui apparaît alors comme la pointe de l'avant-garde en matière de modernité. La première passe par l'influence de la nouvelle notion de communication dans un certain nombre de champs disciplinaires qui se renouvelleront partiellement de ce fait. La notion de communication y acquiert sa légitimité. La deuxième voie est celle de la littérature de vulgarisation qui consacrera une place importante à cette nouvelle problématique, et cela de façon constante jusqu'à aujourd'hui. La troisième voie est celle du noyau dur de la littérature de science-fiction, dont l'influence a été et est encore très importante dans certains milieux et particulièrement celui des ingénieurs dans le domaine des nouvelles technologies. Cette littérature, loin d'être marginale, a largement contribué à la formation de l'imaginaire de notre modernité. La quatrième voie enfin est celle des essayistes, sociologues, futurologues, qui décrivent, en tentant de les anticiper, les grandes évolutions sociales. Ils seront les propagateurs infatigables de la nouvelle utopie. Petit à petit, grâce à eux, l'association entre le futur et la communication va sembler devenir naturelle.

---

11. Cette question a été largement développée dans Philippe BRETON, *La Tribu informatique*, Métailié, Paris, 1990, mais aussi dans les derniers chapitres de l'ouvrage de Sherry TURKLE, *op. cit.*

L'influence du nouveau paradigme sur les sciences

L'influence personnelle directe de Norbert Wiener ne doit pas être surestimée. Celui-ci témoigne certes de certaines velléités militantes dès la fin de la guerre jusqu'à sa mort en 1964 — il prend par exemple contact avec des dirigeants syndicaux américains et s'engage dans un cycle international de conférences, jusqu'en URSS où il est bien accueilli. Mais le mathématicien du MIT refusera rapidement de jouer le rôle d'un Karl Marx de la communication. Son attitude est empreinte sur ce point d'une sorte de « coquetterie anarchiste », marquée par le refus du pouvoir de la part d'un homme qui veut que les idées circulent mais que les hommes restent en retrait par rapport à elles. Selon Robert Vallée, Wiener aimait en effet répéter : « Je ne veux être le maître de personne[12]. » Son influence va surtout être indirecte, essentiellement par le biais de la cybernétique, et se révéler considérable à partir du début des années cinquante. Les grands thèmes de la communication se répandent rapidement à la fois dans toute la communauté scientifique, puis, surtout, à l'extérieur.

Les transformations qui se sont opérées à l'intérieur du monde des sciences du fait de la prise en compte de la problématique de l'information et de la communication sont nombreuses et souvent fondamentales. Il est difficile, voire impossible, d'aborder un tel sujet en quelques lignes. Remarquons simplement que le projet initial de la cybernétique unifiée a eu beaucoup de mal à se maintenir en l'état, mais que cela n'a pas empêché la pénétration en profondeur des concepts d'information et de communication dans les sciences. Celle-ci s'est opérée dans un premier temps par l'intermédiaire de la « théorie de l'information » mise au point et publiée en 1948 par l'ingénieur américain Claude Shannon[13]. Comme le rappelle Abraham Moles lors d'une intervention dans un colloque de Royaumont — l'un des derniers auquel a assisté Wiener avant sa mort en 1964 — consacré au « concept d'information dans les sciences », « la théorie de l'information se présente désormais comme une "grande

---

12. « Témoignage : Une semaine dans le New Hampshire chez Norbert Wiener », *Culture technique*, n° 21, 1990, p. 13.
13. Philippe BRETON, *Une histoire de l'informatique, op. cit.*

théorie" au sens épistémologique de forme des rapports de l'homme et du monde qui l'entoure[14] ». Parallèlement, cette diffusion s'est faite grâce à l'emprunt particulièrement productif de certaines métaphores, ainsi la biologie se renouvelle presque entièrement dans les années cinquante grâce à l'emploi de la métaphore de « programme informatique » appliqué aux recherches sur la génétique. La cybernétique va engendrer rapidement une approche elle aussi unificatrice : l'analyse de système. Les théories actuelles de l'« auto-organisation » héritent directement de la toute première « science du contrôle et des communications »[15].

La cybernétique laisse par ailleurs une marque importante en anthropologie et d'une façon plus générale en sciences humaines, par l'intermédiaire entre autres de Gregory Bateson[16], puis de l'école dite de Palo Alto, dont Paul Watzlawick a largement contribué à populariser les thèses. Son ouvrage *Une logique de la communication*[17] constitue un bon exemple de la façon dont le thème de la communication, tel que la cybernétique l'a mis en scène, a pénétré dans le monde de la psychologie et de l'étude des relations interpersonnelles. Watzlawick, dont les livres sont à la frontière de la science et de la vulgarisation, a probablement joué un grand rôle dans la diffusion de l'idée selon laquelle « tout est communication », en même temps qu'il est, tout à fait paradoxalement, un des plus grands pourfendeurs de la pensée utopique, au profit d'une vision pragmatique du monde.

De nombreux chercheurs ont été ou sont aujourd'hui encore largement influencés par une vision du monde où le thème de la communication occupe une large place, comme par exemple en France l'anthropologue Claude Lévi-Strauss, créateur du structuralisme, ou le sociologue Edgar Morin qui construit une pensée de la complexité en filiation directe avec la cybernétique[18]. Il serait réducteur de faire du structu-

---

14. Abraham MOLES, « Théorie informationnelle de la perception », *in Le Concept d'information dans les sciences*, Gauthiers-Villars, Paris, 1965, p. 203.
15. Sur tous ces points on pourra lire par exemple l'article de Jean-Louis LEMOIGNE, « La science informatique va-t-elle construire sa propre épistémologie ? », *Culture technique*, n° 21, 1990.
16. Par exemple Gregory BATESON, Jurgen RUESCH, *Communication et société*, Seuil, Paris, 1988.
17. Paul WATZLAWICK, *Une logique de la communication*, Seuil, Paris, 1976.
18. Edgar MORIN, *La Méthode* : t. I, *La Nature de la nature*, coll. « Point », Seuil, Paris, 1977 ; t. II, *La Vie de la vie*, coll. « Point », Seuil, Paris, 1980 ; t. III, *La Connaissance de la connaissance*, vol. 1, Seuil, Paris, 1987.

ralisme une pensée de la communication, mais il est tentant de rapprocher la vision que Lévi-Strauss développe aujourd'hui de son propre travail avec la philosophie défendue il y a un demi-siècle par Wiener. Au constat que fait ce dernier de l'activité humaine comme créant des « îlots d'entropie localement décroissante[19] », répondent comme en écho les paroles de Lévi-Strauss : « Dans le domaine très réduit où je travaille, je tente d'isoler, dans le chaos des faits sociaux, des régions très limitées, [...] mais je demeure conscient du fait que ces constructions régionales ne peuvent être étendues à la totalité des phénomènes. Ce ne sont que des îlots dans une grande masse où le désordre règne. » Ces phénomènes locaux sont pour Lévi-Strauss, qui retrouve ici des accents wienériens, « des renversements temporaires d'une tendance générale vers la perte de sens[20] ».

La vulgarisation et l'imaginaire de la science-fiction

La littérature de vulgarisation joue également un très grand rôle dans la propagation des grandes vues sur l'homme et la société que Wiener et les cybernéticiens prodiguaient au titre de nouvelle utopie. La cybernétique est en effet pour le monde de la vulgarisation une matière précieuse, car elle semble obéir par nature à la loi du genre : elle met en scène une science, unifiée, globale, qui de plus se préoccupe directement de ses applications. La vulgarisation scientifique, comme la cybernétique mais avec une beaucoup plus grande force, mélange en effet toujours les faits et leur extrapolation. La littérature de vulgarisation a été ainsi un formidable amplificateur de la communication, non pas tant comme ensemble de faits scientifiques, mais comme valeur à portée universelle[21]. La vulgarisation a ainsi largement répandu le thème du « tout-communication ».

De son côté, la science-fiction va jouer un rôle essentiel pour la promotion de la communication comme valeur

---

19. Voir chapitres 1 et 2.
20. Entretien avec Claude LÉVI-STRAUSS, *Le Monde*, 8 octobre 1991.
21. Entre une foule d'exemples, on citera ici, décennie par décennie, les ouvrages de Pierre DE LATIL, *La Pensée artificielle, introduction à la cybernétique*, Gallimard, Paris, 1953 ; *Le Dossier de la cybernétique*, Marabout U, 1968, de Milton A. ROTHMAN, *La Révolution cybernétique*, Flammarion, Paris, 1972 ; d'Albert DUCROCQ, *Vers une société de communication*, Hachette, Paris, 1981.

constitutive de la « modernité ». On aurait tort en effet de voir dans cette littérature un genre marginal, sans grand effet sur l'évolution de la société. Il est vrai que les ouvrages de ce genre sont souvent mal écrits et, qui plus est, mal traduits. De plus, une bonne partie de la production dans ce domaine est de mauvaise qualité. Mais la « grande » science-fiction n'en joue pas moins un rôle décisif, depuis les années quarante (à l'exception sans doute des livres précurseurs de Jules Verne), dans la constitution des grands mythes fondateurs de notre modernité. Son influence s'exerce de deux façons. En tant que textes porteurs d'idées, ses écrits nourrissent la culture et l'imaginaire social. Mais une autre voie, peu connue, du pouvoir qu'elle a sur la société est l'attrait irrésistible qu'elle exerce sur le microcosme des ingénieurs et des créateurs, notamment dans le domaine des nouvelles technologies[22]. L'univers de sens aussi bien que les représentations sociales que les inventeurs des objets techniques peuplant notre quotidien se sont formés sont largement nourris par les thèmes majeurs de la science-fiction.

Comme la vulgarisation scientifique, la science-fiction est un grand mélangeur des faits et de leur éventuelle portée pratique. Elle n'est rien d'autre en effet que la mise en scène concrète de ce que serait une société où les techniques de communication occuperaient une place centrale. Trois auteurs notamment jouent un rôle majeur dans la construction de l'imaginaire de la modernité, John W. Campbell, Isaac Asimov et Philip K. Dick.

John W. Campbell est, bien avant l'invention de l'ordinateur, l'un des pionniers du thème de l'intelligence artificielle. Il imagine, dès 1935, une machine intelligente qui prend le pouvoir et renvoie l'humanité à « l'état sauvage primitif ». Cette mise en scène de la technique mérite toute l'attention car, encore une fois, c'est bien du lien social, et de la façon dont les machines peuvent contribuer à l'améliorer, qu'il s'agit. Campbell était, selon Arthur C. Clarke (qui fournit le thème du film *2001, l'Odyssée de l'espace*), en contact régulier avec Norbert Wiener[23] au MIT. L'idée n'est certes pas complètement nouvelle mais elle commence à

---

22. Voir sur ce point, Philippe BRETON, *La Tribu informatique, op. cit.*
23. Arthur C. CLARKE, « Ordinateur et cybernétique », *in Encyclopédie visuelle de la science-fiction*, sous la direction de Brian ASH, Albin Michel, Paris.

prendre une résonance particulière dans les années trente et quarante, et surtout elle ne relève plus tout à fait de la fiction puisqu'elle commence à acquérir une légitimité scientifique. Les deux premiers « informaticiens », Alan Turing et John von Neumann, sont profondément influencés, dès la fin des années trente, par ce thème du « cerveau artificiel ».

L'auteur qui a mis en scène l'utopie de la communication de la façon la plus directe et la plus influente est probablement l'Américain Isaac Asimov, à la fois écrivain de science-fiction et vulgarisateur particulièrement apprécié. Les ouvrages d'Asimov prennent place dans la mouvance, née dans les années cinquante, que Jacques Goimard appelle la « science-fiction sociale[24] ». Le souci des auteurs regroupés autour de ce courant, en particulier l'équipe de la revue américaine *Astounding*, composée de nombreux scientifiques, est de sauvegarder à tout prix l'optimisme envers la science dans un contexte où les destructions d'Hiroshima avaient profondément troublé le public. D'après Goimard, ces auteurs cherchaient à faire la promotion d'une science qui « délivrerait l'homme du mal ».

La science-fiction sociale, comme genre nouveau, devait permettre d'imaginer des points d'application possible de résultats scientifiques actuels ou futurs, le tout dans une perspective optimiste. Asimov, infatigable rédacteur de plus de cinq cents publications, explore ainsi exhaustivement toutes les situations que les progrès de la science dans le futur ne manqueront pas de provoquer. Il crée notamment les fameuses « trois lois de la robotique », qui sont une sorte de code déontologique dont les inventeurs devraient munir les machines intelligentes qu'ils créent, afin de réguler au mieux les communications entre les hommes et les robots.

Dans cette perspective, le roman d'Asimov, *Face aux feux du soleil*, paru pour la première fois en 1957[25], pourrait bien, malgré ses allures assez modestes, revendiquer d'être l'un de ces miroirs qui reflètent nos tendances actuelles et être l'un des prototypes décrivant le mythe de la communication moderne[26]. Le livre n'est pas très bien écrit mais son

---

24. Jacques GOIMARD, « L'aventure intellectuelle de la science-fiction classique », *Quaderni*, n° 5, 1988.
25. Isaac ASIMOV, *Face aux feux du soleil*, J'ai lu, Paris, 1970.
26. Une analyse de cet ouvrage est publiée dans un article intitulé « Retour vers le futur », *Autrement*, série Sciences en société, n° 3, 1992.

intérêt, on s'en doute, n'est pas dans son caractère littéraire. En grand maître du genre, l'auteur extrapole habilement une des tendances discrètement présentes dans la société contemporaine et en l'amplifiant il en fait l'un des traits majeurs de la société future qu'il nous décrit.

L'intérêt de l'ouvrage d'Asimov est triple : d'abord son anticipation, malgré le caractère exotique du récit, sonne juste, notamment du point de vue des descriptions qu'il nous propose des technologies de communication dasn la vie quotidienne ; ensuite il décrit avec beaucoup de pertinence certains changements contemporains en train d'advenir dans la nature du lien social ; enfin il inaugure une réflexion sur les problèmes quotidiens que pose la présence chaque jour accrue des machines et, plus généralement, de la technique dans notre environnement. Avant d'aborder ces points, il n'est peut-être pas inutile de décrire rapidement certaines caractéristiques de la société qu'Asimov a imaginée pour nous.

Science-fiction et lien social

Le thème apparent de *Face aux feux du soleil* est simple, voire naïf. Un Terrien est chargé d'une investigation sur une planète où le mode de vie diffère sensiblement de son équivalent sur Terre. Pour cela il fait équipe avec un robot qui se fait passer pour un homme. Il est également chargé d'une mission qui consiste à réaliser pour ses mandataires une analyse de type sociologique de la société dans laquelle il est amené à intervenir. Ce protocole est tout à fait conforme à la démarche d'Asimov pour qui le récit factuel est au fond un simple prétexte à décrire en profondeur les ressorts de la vie dans une société différente de la nôtre.

Asimov nous décrit deux sociétés distinctes (la Terre et la planète extérieure « Solaria ») qui représentent deux évolutions possibles de notre monde actuel. Sur Terre les hommes sont entassés dans d'immenses villes où ils n'ont plus guère de contact avec la nature. La vision d'un espace trop grand ou le simple fait d'être confronté à l'air libre provoquent chez eux une sensation de vertige insupportable, qui semble faire désormais partie de la nature humaine tant elle est intériorisée. Il y a peu de machines dans ces univers où l'humain remplit tout l'espace et où, signe de la phobie ambiante, les loyers des appartements qui sont au centre des grands immeubles sont beaucoup plus chers que ceux des logements qui ont des fenêtres, pourtant murées, qui donnent sur l'extérieur.

Cette présentation de la vie sur Terre sert ici, pour Asimov, à mettre en valeur son thème essentiel, la société qui vit sur Solaria. Il s'agit d'un monde où les hommes, assez peu nombreux, vivent entourés d'une multitude de robots qui les assistent pour les moindres tâches et représentent autant de partenaires avec lesquels chacun a le loisir de communiquer. Sur cette planète chacun vit seul — il n'y a pas de ville mais des propriétés isolées — et la rencontre physique, considérée comme un véritable tabou, y est vécue comme insupportable (les médecins, par exemple, font leurs consultations à distance par médias interposés).

En contrepartie de cet éloignement physique permanent, les contacts médiatisés sont fréquents, grâce à un système de communication sophistiqué, de type holographique. On peut par exemple manger en face d'un interlocuteur, c'est-à-dire en face d'une image virtuelle qui comprend la personne mais aussi son environnement immédiat (la pièce dans laquelle elle se trouve). Se montrer dévêtu ou complètement nu devant son interlocuteur ne suscite paradoxalement aucune gêne, puisqu'il ne s'agit que d'une image !

L'apport d'Asimov est de ce point de vue essentiel : ses ouvrages sont autant de questions sur la nature du lien social d'une société donnée et sur les réponses que les techniques permettent de fournir aux menaces qui pèsent sur lui. La société mythique, qui a éloigné physiquement les individus les uns des autres, est une société qui, justement, ne connaît pas le meurtre. On comprend mieux qu'en toile de fond Asimov nous propose une société menacée par la surpopulation, qui sert à évoquer ici le thème de la proximité physique. La communication vient ainsi constituer une solution à ce que l'on pourrait appeler par raccourci une « promiscuité meurtrière ». Cette solution pourrait se résumer en une formule : les êtres, dans une société de communication, sont faiblement rencontrants et fortement communicants. Ils réalisent ainsi parfaitement l'idéal utopique de la communication.

Philip K. Dick, autre écrivain majeur de science-fiction, est lui aussi un questionneur infatigable de l'état et de la nature du lien social. Il fait partie de la grande famille de ce que l'on pourrait appeler les « sociologues du futur ». Pour David Le Breton, Philip Dick est un « contrebandier de l'analyse sociale ». Mais là où Asimov tente de promouvoir une vision positive de la société, Dick est une sorte de capteur lucide et ultra-sensible de la dissolution du lien social et de l'accroissement de l'entropie. « Ses récits, nous dit David Le Breton, apparaissent rongés par une entropie sauvage, une dévoration soudaine du sens[27]. » L'homme moderne, est lui aussi un *Homo communicans*, un homme sans intériorité, qui peut dire des autres hommes, à l'instar de ce personnage du livre *Blade Runner*: « Il les sentait, les autres, il incorporait en lui-même le balbutiement de leurs pensées, entendait dans son cerveau la rumeur de leur individualité[28]. »

Asimov et Dick représentent ainsi les deux faces complémentaires d'une même vision de la modernité. Le premier tente de réguler moralement les changements à venir dans le lien social tandis que le second met en scène, en contrepoint, la confusion qui s'installe, dans la société moderne, entre le vivant et l'artificiel.

Les essayistes de la « société de communication »

Dans un autre registre, le discours sur le rôle décisif que la communication devrait jouer dans notre société est largement amplifié par la grande famille des essayistes et prospectivistes en tout genre. Les principaux auteurs dans ce domaine ont sans doute été le Canadien Marshall McLuhan, les Américains Brzezinski et Alvin Toffler, le Japonais Masuda et les Français Jean-Jacques Servan-Schreiber, Simon Nora et Alain Minc et, plus récemment, Thierry Breton, par ailleurs auteur de science-fiction. Depuis vingt ans, tous ont fait, à un degré ou à un autre, la promotion de la « société d'information » ou de la « société de communication ». Ils ne cessent d'annoncer le « triomphe de l'âge de l'information[29] » et maintenant l'avènement du « cyberspace ». L'Américain Nicholas Negroponte, promoteur de

---
27. David LE BRETON, « Philip K. Dick, un contrebandier de la science-fiction », *Esprit*, n° 10, octobre 1988, p. 84.
28. Philip K. DICK, *Blade Runner*, J'ai lu, 1985, p. 28.
29. Thierry BRETON, *La Dimension invisible*, Odile Jacob, Paris, 1991, p. 13.

l'« homme numérique » et, entre autres, les Français Thierry Gaudin, Pierre Lévy et Philippe Quéau ont aujourd'hui pris le relais. Leurs livres occupent un espace original. Ils ne sont plus tout à fait de la science-fiction, bien qu'ils parlent du futur, pas vraiment de la sociologie, sauf à considérer que celle-ci peut supporter un important taux de dilution, et ils occupent un champ plus vaste que les ouvrages de vulgarisation, dont ils sont pourtant proches. Les thèses de ces essayistes sociaux sont en général largement amplifiées par les médias qui voient là un discours débarrassé de la « langue de bois » des sciences sociales, et doté de cette vertu médiatique première : leur capacité à rendre même l'avenir transparent. Depuis trois ans, le thème des « autoroutes de données » a servi de support médiatique pour ces idées. Pas un quotidien, pas un hebdomadaire, pas un mensuel, partout dans le monde, qui n'ait consacré au moins un dossier à ce thème, sur un mode en général hagiographique.

Les grandes thèses défendues par ces auteurs ne dévient guère, pour l'essentiel, de ce qui apparaît bien comme leur « matrice » originelle : les idées énoncées par Norbert Wiener, notamment dans *Cybernétique et société*. Comment mesurer la portée et l'influence de ces discours ? On a pu croire qu'après une grande vigueur dans les années quatre-vingt le thème de la « société d'information » tendrait à s'essouffler aujourd'hui, en tant que discours public. Il est vrai, si l'on en croit Serge Proulx, qui rejoint sur ce point les conclusions des chercheurs français Armand et Michèle Mattelart, que « le discours social relié aux nouvelles technologies de l'information apparaît maintenant monopolisé de plus en plus par les gens d'affaires et par les promoteurs commerciaux de l'industrie[30] ». Ce discours a eu une force particulière, immédiatement après la crise pétrolière et économique de 1973, en tant que « discours de sortie de crise ». Mais nous assistons aujourd'hui au renouveau massif du discours utopique wienérien à travers le thème des autoroutes de données et de la « nouvelle frontière électronique ». Le nouveau thème voit converger vers lui les tenants du *new age*, les *hackers* (fanatiques d'informatique), mais aussi les politiques à la recherche désespérée d'un changement à

---

30. Serge PROULX, « De l'utopie sociale à l'idéologie de la communication », *CinémAction*, n° 63, mars 1992, p. 222.

proposer à leurs électeurs. L'un de ses promoteurs les plus actifs, le vice-président américain Al Gore, annonce que « ces modes de communication vont divertir et informer, mais surtout ils vont éduquer, promouvoir la démocratie et sauver des vies. Ils vont aussi créer de nouveaux emplois ». Cette « révolution de l'information qui changera pour toujours la façon dont les gens vivent, travaillent et interagissent[31] » ressemble fort, comme on le voit, à l'utopie communicationnelle des années quarante.

Un attrait contestable

Il n'en reste pas moins que ce discours exerce une force d'attraction considérable sur l'opinion, d'autant plus que l'on croit y lire l'avenir. Quatre clés d'analyse permettent de le relativiser et d'éviter de se laisser prendre malgré soi aux pièges de ce qui apparaît pour l'essentiel plus comme une rhétorique utopique, par moments manipulatoire, que comme une présentation sérieuse des faits.

La première clé consiste à débarrasser les propos sur la « société de communication » de leurs oripeaux de fausse nouveauté. Comme tout discours qui s'appuie sur le thème : « c'est nouveau, ça vient de sortir », il faut se demander si, en fait, il n'y a pas là une simple répétition de choses qui ont déjà été dites. Or, dans ce domaine, il est frappant de constater que non seulement l'essentiel de la philosophie d'un tel projet est ancienne et date d'un demi-siècle — comme nous venons de le voir —, mais qu'elle se réactualise environ tous les dix ou quinze ans, sous d'autres formes. La « société cybernétique » faisait les pleines pages des journaux des années quarante et cinquante. Puis, comme rien ne venait, on l'a rapidement oubliée. Les années soixante et soixante-dix ont été le grand moment de la « révolution informatique ». Au début de la micro-informatique, Steve Job proclamait : « La démocratie, c'est un ordinateur par personne. » Certes, depuis, il y a des ordinateurs partout, mais de révolution sociale, point. Tout cela a été oublié et voici

---

31. Extrait du rapport : *The National Information Infrastructure : Agenda for Action*, repris dans le discours de présentation du vice-président Al Gore le 11 janvier 1994 devant l'Académie des arts et des sciences de la télévision de Los Angeles.

venir la « vraie » nouveauté : les autoroutes de la communication. Nul doute que demain il y aura des réseaux partout et que nous les utiliserons massivement, mais la société changera-t-elle en profondeur de ce fait ? On peut prédire que le thème disparaîtra rapidement de la « une » des médias et qu'un autre, dans cinq ans, s'y substituera. Sachons donc décoder la fausse nouveauté pour éviter de se prendre au piège des modes qui absorbent sans le satisfaire le désir légitime de changement.

La deuxième clé de lecture concerne une des affirmations qui nourrissent ce discours : l'avenir, nous dit-on, serait inéluctable. Les autoroutes de données, comme modalité de restructuration en profondeur de la société, sont déjà là et rien n'empêchera leur progression. Nous n'aurions pas le choix. Tout cela rappelle la méthode Coué. On sort ainsi de l'espace du discutable — et éventuellement du choix démocratique —, une évolution dont on nous dit par ailleurs qu'elle va tout changer. Il ne s'agit en fait que d'un procédé rhétorique où l'on tente de nous convaincre avec un double argument d'autorité et d'expertise. On nous dit, par exemple, que le nombre d'utilisateurs de réseaux comme Internet ne cesse d'augmenter et va suivre désormais une courbe exponentielle, mais on oublie de préciser qu'il attire essentiellement la population des passionnés, de ceux qui sont fascinés, comme les cibistes d'antan, par la communication pour elle-même. Au-delà de ce chiffre (certains parlent d'à peine 3 millions dans le monde), les enthousiasmes auront peut-être tendance à se calmer. Même la fameuse intégration des technologies numériques, base essentielle des autoroutes de données, n'est pas évidente pour tout le monde. Un rapport du Standford Research Institute indique que « l'idée selon laquelle l'informatique, la télévision, les jeux vidéo et les télécommunications seraient bientôt appelés à se fondre en une seule et même gigantesque entité qui offrirait un service global ne repose sur absolument rien. Au contraire, nombre d'indices tendent à indiquer que les clivages entre différents secteurs persisteront [32] ».

L'un des idéologues les plus fins de la « société de communication », Nicholas Negroponte, a bien compris que cela ne

---

32. Snoddy RAYMOND, « Feu rouge sur l'inforoute », *Financial Times*, cité par l'hebdomadaire *Courrier international*, n° 211, novembre 1994.

se fera pas seul et que l'argument de l'inéluctabilité n'est pas suffisant, aussi s'emploie-t-il à nous convaincre vraiment. Ayant été partie prenante des échecs des précédentes « révolutions », comme il le rappelle avec franchise, Negroponte sait de quoi il parle, même si son éditeur se croit obligé d'ajouter, en bandeau de l'ouvrage, qu'il s'agit du « premier livre qui vous dit comment le multimédia et les autoroutes de l'information vont changer votre vie[33] ».

La troisième clé de lecture est celle qui permet de distinguer ce que la plupart des articles sur le sujet s'acharnent à mélanger : ce qui existe effectivement, ce qui est probable, ce qui est souhaité. Il y a là une vieille stratégie, qui n'est pas sans rappeler ce qui se pratiquait dans certains groupuscules politiques des années soixante (dont beaucoup de membres sont d'ailleurs recyclés dans les nouvelles technologies) : l'étincelle révolutionnaire était toujours en train de prendre... ailleurs. Dans notre cas, c'est toujours au Japon et en Californie, dans des laboratoires lointains dont la plupart des chercheurs ignorent jusqu'à l'existence, que la future révolution est en train de démarrer.

Une bonne illustration de ces mélanges peu rigoureux a été fournie par les expériences de « cybersexe ». La lecture des dossiers médiatiques qui leur ont été consacrés ne permettait pas de distinguer clairement ce qui était en projet et ce qui fonctionnait effectivement, pas plus que les lieux où tout cela se déroulait. Au final de cette véritable manipulation, le lecteur en gardait l'impression qu'il s'agissait d'une réalité là où même un stade qualifiable d'expérimental n'était pas en vue.

La quatrième clé de lecture de ces textes et articles sur les autoroutes est celle qui permet d'isoler ce qui pourrait bien être un des arguments centraux utilisés par les militants de cette nouvelle cause. En substance, l'argument est le suivant : ce sont des changements quantitatifs (plus de numérique, plus de médias, plus de chaînes de télévision, plus d'informatique) qui vont provoquer un changement qualitatif (des relations plus épanouies, plus de libertés, une société meilleure). Cet argument se heurte malgré tout à l'idée plus classique que nous avons du rapport, assez disjoint, entre quantité et qualité. Comme disait avec humour l'informaticien américain

---

33. Nicholas NEGROPONTE, *L'Homme numérique*, Robert Laffont, Paris, 1995.

Joseph Weizenbaum, à propos des progrès de l'informatique pour gérer la complexité de la société : rien ne sert de tomber plus vite au fond du puits. Avec les autoroutes de la communication, nous aurons, paraît-il, cinq cents chaînes de télévision. Cinq cents fois « La roue de la fortune » ?

III

*Les effets pervers
de la nouvelle utopie*

6

Les ambiguïtés de la communication

L'utopie de Wiener s'est-elle concrétisée? Vivons-nous aujourd'hui dans une « société de communication »? La réponse à cette question dépend, bien sûr, de la définition qu'on donne à ce terme. Comme le souligne avec force Georges Balandier, parler de « société de communication » est, d'un certain point de vue, une redondance. Il est vrai que les hommes ont toujours échangé entre eux, par l'intermédiaire du langage et des signes non verbaux, des informations sur eux-mêmes et sur les autres, sur leurs actions et sur leur environnement. Ils ont probablement toujours utilisé des « techniques de communication », qu'elles soient matérielles ou intellectuelles.

Dans ce sens, les sociétés humaines ont toutes et toujours été des « sociétés de communication », et cette activité se présente comme une donnée anthropologique permanente. L'une des différences entre le passé et le présent est sans doute, depuis l'impulsion donnée par l'invention de l'écriture, puis de la rhétorique, le fort mouvement d'innovation dans ce domaine. L'autre différence est, bien sûr, la valeur sociale qu'on accorde aujourd'hui à ces techniques.

Avec la communication a resurgi la vieille tentation d'un schéma explicatif central, d'un *thème vital unique*, qui traverserait toutes les activités humaines en les englobant. Le lieu commun le plus vulgarisé de ce nouveau paradigme est l'affirmation selon laquelle « tout est communication ». Il suffirait dès lors de trouver les lois générales de fonctionnement de la communication pour bâtir une conception unitaire du monde et, surtout, disposer des moyens de le maîtriser.

La communication — et ses techniques — se constitue ainsi comme un recours majeur à tous les dysfonctionnements de notre société. La politique du gouvernement est bonne, nous dit-on, mais si elle est mal comprise des électeurs, c'est qu'il y a un « problème de communication ». L'entreprise a de bons produits, mais son « image » est « floue » aux yeux de la clientèle, ce qui explique sa « mauvaise implantation sur le marché ». Si telle personne est « mal dans sa peau », c'est qu'elle communique mal et que son image n'est pas « positive ». L'emploi, l'éducation, la citoyenneté sont en crise, les autoroutes de la communication y remédieront.

La communication fonctionne aujourd'hui de plus en plus systématiquement dans le discours social comme un recours universel, sinon comme le seul recours. Chaque problème trouverait ainsi une approche « rationnelle » grâce à la « communication » qui apporterait à la fois la « transparence » dans l'analyse et le « consensus » dans la solution.

L'utopie de la communication et la progression du libéralisme

La communication est-elle aujourd'hui la seule valeur sur le marché des idées ? L'idéologie qu'elle fonde, à forte tonalité utopique, est-elle dominante ? Son projet de société emporte-t-il massivement l'adhésion ? Il est clair que non. La lutte sur ce terrain est d'ailleurs assez vive et même si l'utopie de la communication est présente en force au cœur même de notre culture et de nos représentations les plus intimes, rien n'indique qu'elle y soit en terrain parfaitement conquis. L'analyse très convaincante d'Alain Ehrenberg sur le nouveau « culte de la performance » qui fonctionne à partir de la métaphore de la concurrence sportive[1] ou encore les travaux de David Le Breton sur l'étonnant succès des « pratiques de risque » comme alternative à la crise des valeurs[2] montrent bien que d'autres impératifs sont susceptibles de guider les comportements. De nouvelles valeurs émergent à leur tour et certaines resurgissent des profondeurs les

---

1. Alain Ehrenberg, *Le Culte de la performance*, Calmann-Lévy, Paris, 1991.
2. David Le Breton, *La Passion du risque*, Métailié, Paris, 1991.

plus noires de notre passé. Et puis, qui pourrait prétendre aujourd'hui que le libéralisme, en tant que système de valeur, est mort ?

Il faut, à ce stade de la réflexion, distinguer clairement entre la perte de crédibilité effective dont *toutes* les idéologies politiques classiques sont l'objet, et le fait que s'est imposée progressivement dans les faits l'une de ces idéologies. Comment expliquer cette apparente contradiction qui fait que le libéralisme semble échapper aux effets de cette perte de crédibilité qui l'affecte pourtant en tant qu'idéologie ? Ce succès tient au moins à deux raisons : d'une part, le libéralisme réussit en partie à faire croire qu'il n'est pas une idéologie et que son avènement sonne donc le glas du mouvement de l'histoire ; d'autre part, il se déploie derrière une vitrine où les valeurs affichées sont justement celles de la communication.

Sorti victorieux des dernières confrontations, du conflit mondial comme de la guerre froide, le libéralisme et ses valeurs ont malgré tout subi une lourde perte de crédibilité. La récupération des grands thèmes de la communication lui assure ainsi un troisième souffle, après la tentative de noyer le poisson dans les valeurs d'une éphémère « société de consommation ».

La « société de communication » et la société libérale sont certes des impératifs en partie convergents, mais aussi, sur certains points essentiels, largement antagonistes. Ainsi s'expliquent quelques-unes des contradictions sociales les plus visibles actuellement, et en premier lieu la tension se développant dans le quotidien entre l'*individualisme exacerbé* qui est au fondement du libéralisme et une société rendue de plus en plus *collective* du fait du recours généralisé à la communication et à ses techniques. Deux grands domaines sont au cœur de ces contradictions : les médias, porteurs d'une utopie de la transparence mais en même temps soumis au jeu des intérêts politiques et économiques, et les réseaux informatiques, où l'idéal, lui aussi utopique, d'une information rationnelle circulant librement se heurte quotidiennement aux impératifs de la propriété privée et du cloisonnement social. Wiener, qui n'était pas un libéral, rappelons-le, avait bien prédit que si l'information devenait une « marchandise », alors l'entropie contre laquelle elle était censée lutter se développerait de façon encore plus dévastatrice. Pour lui, l'entrave au libre mouvement de l'information entraîne sa stérilisation. Ces contradictions nous indiquent peut-être la voie des changements qui ne manqueront pas d'intervenir dans le futur, puisque, malgré certaines prédictions des idéologues modernes, la « fin de l'histoire » n'est sans doute pas proche.

Les dangers du piratage

On ne saurait sous-estimer, dans cette perspective, une autre contradiction majeure qui est en train de se lever, entre, d'une part, l'importance croissante prise par les mémoires et les réseaux d'ordinateurs dans la concentration de l'information et, d'autre part, le système de valeur professionnel des milieux informatiques, fortement marqués, souvent sans le savoir, par l'idéologie wienérienne[3]. La contradiction tient au fait que la société exige que l'information soit traitée comme une marchandise et donc soumise aux lois de la propriété privée, là où, pour beaucoup de professionnels, une « bonne » information doit circuler librement pour avoir sa potentialité maximale. A force d'avoir fait des informaticiens et, d'une façon plus générale, des techniciens les hérauts d'une « nouvelle révolution », ceux-ci se sont finalement pris au jeu. Le piratage et la « délinquance » informatique, qui vont chaque jour en s'amplifiant et dont le coût est singulièrement élevé, est un symptôme révélateur de cette contradiction. Tous les experts prédisent d'ailleurs que les problèmes, de ce point de vue, sont maintenant devant nous, et leurs conséquences encore incalculables. La question du droit d'auteur est aujourd'hui sur la sellette. Une forte pression s'exerce du côté des autoroutes de la communication pour les supprimer purement et simplement, afin de permettre la « libre circulation » des textes écrits dans les réseaux. Le « photocopillage », à côté de ces nouvelles pratiques, n'est là aussi qu'un artisanat dépassé.

---

3. Éric HEILMANN, Isabelle BERTRAND et Philippe BRETON, « Entre l'ordre et le désordre : les valeurs paradoxales du monde de l'informatique », *Réseaux*, n° 48, juillet-août 1991.

La communication dans l'univers marchand

Quoi qu'il en soit de ces contradictions, la montée en puissance d'un idéal utopique de la communication a pour conséquence directe le passage massif, dans l'univers de la marchandise, d'activités qui jusque-là y échappaient. Ce qui était gratuit jusque-là devient aujourd'hui payant. Là où parler, pour échanger de banales nouvelles, n'avait aucun coût, avec le téléphone, puis demain, les réseaux de communication, cette simple parole est facturée, au temps et à la distance. Les budgets « communication » des ménages ne cessent de s'accroître et les autoroutes de la communication correspondront de ce point de vue à un changement dont nous n'avons peut-être pas idée, mais sur lequel travaillent ardemment les services de prospective des grandes entreprises de ce domaine.

Stewart Ewen avait remarqué que le capitalisme au XIXe siècle régissait uniquement l'univers du travail et qu'une nouvelle étape avait été franchie dans les années vingt avec le développement de la société de consommation et de son corollaire indispensable, la publicité : « Les hommes d'affaires se mirent en quête d'une conception positive de l'ordre social [...] visant la quotidienneté de la vie privée[4]. » Après l'univers du travail, puis l'univers privé, le libéralisme aujourd'hui étend l'emprise de la marchandise sur celui de la communication. L'idéal du libéralisme, toujours à la recherche de nouveaux gisements de profit, est bien qu'à terme aucune activité humaine ne soit plus gratuite. Toute proposition de basculer dans le monde des médias de nouvelles activités, comme l'éducatif, le culturel ou la production de connaissances, doit être évaluer à cette aune.

Un mot qui ne veut plus rien dire

Mais que veut dire, en réalité, le mot « communication » qui est aujourd'hui sur toutes les lèvres ? En fait, tout et rien. A prendre au pied de la lettre, le slogan utopiste qui affirme péremptoirement que « tout est communication », le terme finit par perdre toute signification précise :

---

[4]. Ewen STEWART, *Consciences sous influence*, Aubier, Res, Paris, 1983, p. 33.

« communication » est devenu aujourd'hui un colosse terminologique aux pieds d'argile. Utilisé dans des milieux différents, le même mot sert à désigner des réalités bien distinctes, souvent hétérogènes. Tantôt il est identifié exclusivement aux médias, tantôt il permet de nommer, tout aussi exclusivement, le secteur des « nouvelles technologies de communication », appelées parfois, en raccourci, les « NTC ». Pour un journaliste, la communication est le domaine par excellence de tout ce qui concerne la vie de la presse ou de l'audiovisuel. La rubrique « Communication » du journal *Le Monde,* par exemple, comme celle des autres journaux, rassemble tous les articles qui concernent les médias, les regroupements et les fusions dans l'industrie audiovisuelle, les projets de télévision haute définition, la publicité ou les questions d'audience.

Dans un tout autre domaine, la « communication » est l'apanage des ingénieurs en télécommunications. Son sens, dans ce contexte, est très lié à la théorie de l'information, aux techniques de transmission, à la téléphonie et aux nouveaux moyens de communication à base d'électronique et d'informatique, comme, par exemple, le Minitel, la télécopie ou les réseaux de données.

Les nouveaux « gourous »

Dans les entreprises, on parle de la « politique de communication » grâce à laquelle celles-ci pourront « gérer leur image » et mieux contrôler leurs rapports avec l'environnement. La « communication interne » sert, quant à elle, à créer des liens au sein du personnel et à mieux promouvoir les rapports humains. La « communication » est aussi un domaine qui s'enseigne et qui s'apprend. Mais les matières ne seront probablement pas les mêmes suivant que l'on a affaire aux nombreux charlatans qui vendent à prix d'or des « recettes », ou à des écoles privées liées au monde de l'entreprise, ou encore à l'université qui enseigne, du premier cycle jusqu'en doctorat, les « sciences de l'information et de la communication ».

Profitant, dans cette matière comme dans d'autres, des lacunes initiales de la formation universitaire, de multiples « formateurs privés », « gourous » de la communication et de la publicité, mais aussi de multiples instituts qui ont poussé comme des champignons ces dernières années se sont en effet engouffrés dans cette nouvelle « discipline ». Certains vendent à prix d'or des conseils directement recopiés dans... Cicéron (ce qui d'ailleurs ne serait pas si mal si cela était bien fait : on fait référence ici, par exemple, aux procédés de « mémoire artificielle » utilisés dans l'ancienne argumentation[5]).

Il faut compter également avec les chercheurs scientifiques, aux confins de la psychologie, de la sociologie et de l'éthologie, qui étudient la « communication » dans sa dimension « interpersonnelle ». Encore laisse-t-on ici de côté, dans ce panorama rapide, la revendication tout aussi légitime des géographes et des urbanistes qui parlent eux de « voies de communication » dans le contexte du transport physique des personnes. Et n'oublions pas, bien sûr, que, pour le commun des mortels, « communiquer » veut toujours dire, simplement, s'adresser à son voisin. Cette pluralité sémantique récente correspond à un accroissement de la valeur accordée à la communication sous toutes ses formes sans qu'il soit besoin apparemment de la définir avec rigueur. L'imprécision notable du terme de communication confère en fait à cette notion une très grande souplesse, pour ne pas dire un certain opportunisme, qui rend possible sa pénétration dans tous les domaines concernés.

Le terme « information », qu'on pourrait croire plus précis ou plus concret, apparaît lui aussi entouré de brumes propices à la confusion. Son usage, dans la langue française, regroupe des significations très diverses. Il sert notamment à traduire en un même mot trois termes anglais distincts : *data*, *news* et *knowledge*. L'information est en effet aussi bien la « donnée » (*data*) dont l'informaticien nourrit les réseaux que les « nouvelles » (*news*) que le journaliste confectionne en vue de les communiquer au public. De plus en plus, par le jeu d'une extension souvent mal venue, la langue française rend équivalent « information » et « savoir » (*knowledge*), ce qui relève, comme nous le verrons, de la confusion la plus totale.

---

5. Philippe BRETON, « De la rhétorique à l'ordinateur », *Sciences humaines*, dossier spécial « Communication », n° 4, mars 1991.

La communication a-t-elle une légitimité scientifique ?

La légitimité qui est associée aujourd'hui au thème de la communication s'appuie parfois sur le fait qu'existerait, en toile de fond, un champ scientifique incontestable, qui garantirait, lui, avec rigueur, la pertinence de cette notion. De nombreux enseignements non universitaires de la communication multiplient les références à ces prétendus fondements scientifiques rigoureux sur lesquels s'appuierait le propos. La palme d'or dans ce domaine reviendrait sans doute à l'enseignement de la « PNL », autrement dit la « programmation neuro-linguistique », que l'un de ses inventeurs, John Grinder, définit comme un « ensemble d'outils susceptible de servir à toute personne désireuse de rechercher et attraper cette proie insaisissable que l'on nomme l'excellence humaine ». Nous avons développé, ajoute-t-il, une « série de modèles de l'excellence humaine en mettant l'accent sur les schémas de communication, nous avons trouvé des moyens pour identifier et codifier les compétences spécifiques grâce auxquelles les meilleurs communicateurs atteignent leurs objectifs, dans des domaines aussi variés que la médecine ou les affaires[6] ». Nul doute que, derrière ce jargon, il y ait une réelle compétence pratique à manipuler les relations humaines. On peut toutefois douter, avec raison, de l'existence d'un quelconque fondement scientifique, en « programmation », en « neurologie » aussi bien qu'en « linguistique », à cette connaissance qui permet d'« identifier » et de « coder » les « schémas de communication » et les « modèles de l'excellence humaine ».

Les nouvelles sciences de la communication

La communication, toutefois, s'enseigne à l'université, qui délivre même sur ce thème des diplômes. Mais, à regarder de près la carte des formations dans ce domaine, on constate que l'idéal d'une science unique de la communication est, de ce point de vue, loin d'être atteint, sauf à admettre une définition si générale qu'elle perde, elle aussi, tout sens.

---

6. John GRINDER, préface à l'ouvrage de Genie LABORDE, *Influencer avec intégrité, la programmation neurolinguistique dans l'entreprise*, Interéditions, Paris, 1987.

Ainsi, la définition de S. H. Chaffee et Ch. R. Berger que Judith Lazar propose de retenir pour cerner l'« objet de la science de la communication » pose sans doute, de ce point de vue, plus de problèmes qu'elle n'en résout. Ces auteurs définissent en effet la communication comme le domaine qui « cherche à comprendre la production, le traitement et les effets des symboles et des systèmes de signes par des théories analysables, contenant des généralisations légitimes permettant d'expliquer les phénomènes associés à la production, au traitement et aux effets[7] ».

Les « sciences de la communication » ont certes connu un *big bang* initial (qui a été largement décrit dans les premiers chapitres de ce livre), mais, depuis, leur trajectoire est plutôt celle d'un éclatement, d'une dispersion et d'une spécialisation. Et cela est heureux dans le sens où la spécialisation est ici synonyme de rigueur potentielle. Le prix de l'insertion de la « communication » comme matière académique universitaire a peut-être justement été le renoncement au point de vue radicalement multidisciplinaire qui était celui de la cybernétique des origines[8].

De plus, pour qui croirait encore à l'existence d'*une* science de la communication unitaire, il faut rappeler que les différents champs de recherche couverts par les études sur la communication sont traversés par une frontière ressemblant, à bien des égards, à une tranchée où, de part et d'autre, des spécialistes inconciliables se livrent depuis longtemps une guerre d'usure. D'un côté, en effet, on trouve les *scientifiques*, chercheurs, ingénieurs ou techniciens, et, de l'autre, les *littéraires* ou les spécialistes des *sciences sociales*. Les premiers réfutent la scientificité des seconds, qui, à leur tour, contestent aux premiers la capacité à traiter véritablement de la dimension humaine ou sociale des techniques qu'ils mettent en œuvre. Dire qu'il y a une crise de confiance entre les deux domaines est un euphémisme. Tout les oppose, et surtout une différence de culture : les premiers relèvent de ce que l'on pourrait appeler une « culture de l'évidence rationnelle », là

---

7. Cité par Judith LAZAR, *La Science de la communication*, PUF, coll. « Que sais-je ? », Paris, 1992.
8. Pour un panorama complet dans ce domaine, on peut consulter l'ouvrage de Bernard MIÈGE, *La Pensée communicationnelle*, Presses universitaires de Grenoble, Grenoble, 1995.

où les seconds, même s'ils s'en défendent, baignent dans une « culture de l'argumentation[9] ».

Là aussi la première cybernétique avait réussi, l'espace d'une petite décennie, à supprimer cette frontière. Mais elle s'est rapidement reformée dès que la « science du contrôle et des communications » de Wiener a éclaté en de multiples disciplines. Il est remarquable de noter, de ce point de vue, que ce qui lie encore ces domaines entre eux est justement leur histoire et l'appel au passé. Lorsque Paul Watzlawick expose la légitimité scientifique des travaux de l'école dite de Palo Alto, il insiste sur leur caractère « interdisciplinaire » et fait référence directement aux anciens concepts de la cybernétique. Loin d'aller vers une quelconque unification, les « sciences de la communication » vont donc plutôt vers une dispersion croissante et certains de ces thèmes connaissent un déplacement vers une autre « interdiscipline », les sciences cognitives. La communication comme valeur générale ne peut donc s'appuyer sur aucun fondement scientifique particulier.

Des sentiments contradictoires

Comment peut-on évaluer l'attrait que la communication a aujourd'hui dans notre société ? Au-delà d'un certain climat d'optimisme à ce sujet, chacun dans l'opinion semble éprouver malgré tout, à l'égard de la communication, des sentiments contradictoires. D'un côté, cette notion suscite une attraction très forte, elle connote un ensemble de valeurs positives comme le dialogue, le partage, la connaissance. Qui voudrait ne pas communiquer librement ? Mais ces valeurs paraissent quelque peu irréelles car, d'un autre côté, la multiplication des moyens de communiquer va de pair à la fois avec le développement sans frein de l'espace public et du voyeurisme social et avec le progrès de l'individualisme et, souvent, de la solitude.

Sur un autre plan, les événements de Roumanie en 1989 ou la couverture des événements liés à la guerre du Golfe en 1991 ont laissé à beaucoup un arrière-goût amer : on nous montre tout, mais pourtant l'essentiel semble nous échapper. Il est difficile par ailleurs de ne pas éprouver un sentiment

---

9. Ce point a été développé dans le chapitre 6 d'un précédent ouvrage : Philippe BRETON et Serge PROULX, *L'Explosion de la communication, op. cit.*, 1993.

de malaise devant les possibilités infinies de manipulation des consciences ainsi ouvertes par les médias ou les « techniques de communication » en tout genre, ou devant l'envahissement des machines informatiques, qui chaque jour se substituent un peu plus à l'homme. Mais nous passerions-nous aujourd'hui de la télévision, ou des ordinateurs, et demain des réseaux ?

La publicité nous irrite : ses ficelles sont un peu trop visibles et le monde merveilleux qu'elle nous promet se concrétise rarement. Mais elle fait tellement partie de notre paysage que son absence était la première chose que remarquaient — pour la regretter — les voyageurs dans les pays de l'Est anciennement communistes. En fait, nous éprouvons tous, devant la communication, un sentiment ambivalent, et ce d'autant plus que si le phénomène a parfois toutes les caractéristiques d'une mode, celle-ci apparaît comme durable.

Une utopie aux effets concrets

Malgré cette ambivalence, tout se passe comme si nous allions inéluctablement, à marche forcée, vers une « révolution » globale de notre organisation sociale, de nos systèmes politiques, de nos comportements jusqu'aux plus intimes. Cette volonté d'appliquer à toute force les schémas de l'utopie semble pourtant produire des effets pervers paradoxaux, non souhaitables, là où l'on assiste à des débuts d'application. Dans ce sens, nous vivons aujourd'hui sous le régime de l'utopie : le fait que celle-ci ne se réalise pas ne veut pas dire qu'elle n'a pas des conséquences concrètes, d'un autre ordre, dont la liste est finalement assez longue.

De fausses oppositions

Pour mieux analyser ces effets pervers, qui risquent bien de ne pas se révéler simplement des thèmes de science-fiction mais de se comporter comme des invités qui entrent chez vous sans même avoir frappé à la porte, il est nécessaire de dépasser certaines fausses oppositions. La première consisterait à opposer les « bons » médias, ceux qui permettent de lutter pour la démocratie et la pluralité, et les « mauvaises » technologies, à base d'informatique, de codes-barres et de violation électronique des libertés. Ainsi la presse, aussi bien écrite qu'audio-visuelle, serait bien là en permanence pour dévoiler et dénoncer les effets des autres moyens de communication. On oublie trop facilement en disant cela que le problème est sans doute la trop grande importance sociale confiée aux moyens de communication dans leur ensemble qui fait problème, et non les effets de tel ou tel de ces moyens. Ni la presse ni les autoroutes de données ne sont en soi un problème.

La deuxième fausse opposition consisterait à dire, à rebours complet des arguments utilisés en faveur de la « société de communication », que tout cela n'arrivera pas. N'a-t-on pas, dans ce livre même, dénoncé le caractère illusoire, irréalisable, de la plupart des projets dont l'idéologie du moment nous annonce la « réalisation immédiate ». Sur ce point, il faut être très précis. L'utopie, en tant que telle, a souvent était dévastatrice du simple fait qu'on a voulu, justement, l'appliquer. Qu'un projet social soit irréalisable ne signifie pas que les tentatives pour l'appliquer n'aient pas d'effets concrets. Les Cambodgiens qui ont été aux prises avec les tentatives des Khmers rouges d'appliquer une utopie formidablement égalitariste en savent quelque chose.

Avant même d'ailleurs que l'on tente de réaliser par la force un projet utopique, celui-ci peut déjà avoir des effets dévastateurs : il mobilise en effet vers le changement des consciences, des énergies qui non seulement seraient mieux employées ailleurs, mais qui peuvent faire cruellement défaut là où on en aurait le plus besoin. Même si rien des prévisions actuelles en matière d'autoroutes de données ne devait jamais voir le jour, il serait déjà lamentable de constater que l'imagination et la force de conviction, sans parler du temps passé, d'une partie des gens les mieux formés, sont détournées alors que tant de problèmes urgents dans notre société appelleraient une mobilisation immédiate. Le luxe de cette débauche de mobilisations matérielles et intellectuelles pour « mieux communiquer » est déjà en soi un scandale dans une société marquée au fer rouge des inégalités, de la pauvreté, du sous-développement jusqu'au cœur des nations les plus développées.

De toute façon, même si les projets *globaux* actuels ne se réalisent pas — ce qui sera probablement le cas —, de nombreuses innovations se répandront avec des effets plus ou moins heureux. On peut même s'attendre à ce que certaines d'entre elles encouragent les aspects les plus néfastes de notre société actuelle. Ainsi, s'il est à peu près certain que la « société de communication » a pour effet premier de détourner provisoirement les énergies, il est tout aussi certain que les réseaux de demain pourront servir à ficher les gens et à réduire les libertés. Il n'y a donc aucune contradiction à dénoncer à la fois le caractère illusoire, abstrait et transitoire des projets utopiques en matière de communication et à en dénoncer les applications qui ne manqueront pas de survenir, quand elles ne sont pas déjà parmi nous.

7

L'empire des médias

Un phénomène étrange est en train de se dérouler sous nos yeux : le déplacement et l'absorption de l'essentiel des activités humaines à l'intérieur du monde des médias. Il est cependant difficile de distinguer la part effectivement réalisée d'un tel déplacement et la part fantasmatique, celle qui relève d'un fort souhait, émanant notamment des médiateurs et des prosélytes de la nouvelle utopie. On sait que Baudrillard a jugé cette absorption réalisée à un tel point que tout propos sur un tel phénomène ne pourrait plus, selon lui, que se dérouler à l'intérieur de l'univers des représentations médiatiques, et donc être immédiatement biaisé. Cette problématique rappelle les fictions assez terrifiantes de Philippe K. Dick, où les personnages n'ont plus de points de repère qui leur permettent de déterminer s'ils sont dans l'univers « réel » ou dans l'une de ses multiples représentations.

L'un des tout premiers effets de la mise en utopie des nouvelles techniques de communication et des médias est un formidable déplacement du rôle et de la fonction de l'outil par rapport à ses finalités. Celui-ci pourrait être décrit comme le produit d'une sorte d'idolâtrie de l'outil. Nous aurions là une version contemporaine de l'adage classique : ce n'est plus la communication qui est faite pour l'homme, mais l'homme pour la communication. L'effet pervers d'une telle inversion, où le moyen devient finalité, est que l'outil ne sert plus à réaliser ce pour quoi il a été conçu et finit par ne plus fonctionner que pour lui-même.

C'est exactement ce qui est en train de se produire avec l'univers des médias et des autoroutes de la communication. Tous ces nouveaux outils sont censés avoir une fonction de médiation. Ils sont conçus pour aider les hommes, effectivement, à mieux communiquer. Ils sont la réponse à la conscience aiguë que nous avons d'une séparation sociale, d'un éloignement les uns des autres, couplé à une soif de rapprochement.

Un trou noir qui absorbe le message

Mais la trop grande importance conférée aux outils dans ce domaine conduit à ce que le média devienne un centre plutôt qu'un passage. Il absorbe, comme une sorte de « trou noir », tous les messages et, à tout le moins, porte sur eux une marque indélébile.

Au pis, on pourra soutenir que, du fait de l'interposition médiatique qui en transforme la nature, aucun des messages émis dans la société ne parvient jamais à son destinataire. Nous serions alors dans cette société autiste que décrivent Sfez et Baudrillard.

Pour Lucien Sfez[1], la caractéristique majeure du développement de la communication est la confusion qui s'installe entre le « fait réel » et sa « représentation », notamment médiatique, et le développement d'une pathologie sociale spécifique, le « tautisme » — mélange de tautologie et d'autisme — enfermant l'homme dans le labyrinthe sans issue de représentations qui ne renvoient plus qu'à elles-mêmes.

Pour Baudrillard, ce monde est celui de la « communication pour la communication » car « l'enjeu n'est plus le message mais le fait que ça communique », un monde de « socialité vide », « louchant continuellement sur le spectacle de sa propre existence incertaine[2] ». Au mieux, on dira que la déformation systématique des messages par des médias, dont la mission était pourtant d'en garantir l'intégrité, oblige à un combat constant visant à les réinterpréter dans leur contexte. Cette dernière hypothèse est évidemment la plus optimiste.

---

1. Lucien SFEZ, *Critique de la communication*, op. cit.
2. Jean BAUDRILLARD, in *Technologies et symboliques de la communication* (sous la dir. de Lucien SFEZ et Gilles COUTLÉE), Presses universitaires de Grenoble, Grenoble, 1990, p. 39.

Le succès des médias discrets

Le succès de certains outils de communication montre bien, à rebours, l'immense frustration du public à l'égard de médias qui s'interposent systématiquement entre l'émetteur et le récepteur. C'est ainsi que l'on peut expliquer l'immense popularité du fax, que pratiquement aucun expert n'avait prévu (ni même souhaité). Cette technologie ancienne, rustique, dont les éléments principaux étaient déjà rassemblés depuis la fin du XIXᵉ siècle, n'avait guère la faveur des thuriféraires des nouvelles technologies de communication. Le public se l'est pourtant rapidement appropriée, pour une raison simple : contrairement à la plupart des moyens de communication d'aujourd'hui (à l'exception du téléphone), ce média respecte le message, son intervention est, pour ainsi dire, discrète. Ce que vous mettez à l'entrée se retrouve, intégralement, à la sortie. Textes, dessins, ratures, erreurs, tout cela sera maintenu le long de la chaîne communicationnelle. Le fait que la qualité du support — notamment cet horrible papier thermique qui s'efface au bout de six mois — soit plus que médiocre n'y change rien. Ce que l'on demande à l'outil, c'est de s'effacer pour que la communication passe. Le fax répond précisément à ce besoin. On comprend que les experts, formés à l'école utopique, n'aient jamais rien fait pour qu'il se développe et n'aient suivi son succès qu'à contrecœur.

Deux exemples de perversion de l'outil

Deux exemples actuels montrent bien les conséquences de l'extension de l'« empire du milieu » et d'une conception utopique du rôle des outils de médiation. Le premier s'articule autour de la confusion, bien installée désormais, entre « information » (au sens de l'information sur l'événement) et « connaissance ». Cette confusion, nous allons le voir, conduit certains à revendiquer que tout soit « traduit » dans les termes de l'information, quitte à vider la connaissance de sa substance et à en disqualifier les producteurs. Un des moyens envisagés aujourd'hui pour faire basculer la connaissance dans l'univers médiatique (ce terme étant pris ici au sens large) est le « multimédia », ou plutôt la mission dont il est investi.

Le second exemple, plus vaste dans ses conséquences (encore que, dans le premier, l'enjeu à terme soit la disparition de la production de connaissances), est la progression apparemment inéluctable de l'idée selon laquelle les médias institués et professionnels (presse, audiovisuel et autoroutes en tout genre) sont désormais incontournables et qu'ils devraient à terme avoir le monopole de la circulation des messages entre les hommes. Ainsi devenus le centre, alors qu'ils n'étaient que l'outil, les médias peuvent prétendre réorganiser de façon utopique la société à leur image, conformément au projet wienérien qui affirmait, rappelons-le, que la société avait pour vocation d'être entièrement contenue par les messages qui circulent en son sein.

La confusion entre information et connaissance

Dans un texte paru en 1981[3], Denis de Rougemont insistait sur la différence fondamentale qui existait selon lui entre « information » et « savoir », entre « information » et « connaissance ». L'auteur se situait ainsi résolument à contre-courant d'une tendance massive, quoique peu rigoureuse dans ses arguments théoriques, pour laquelle l'accès à l'information était synonyme d'accès au savoir. La progression dans les mœurs intellectuelles du thème de l'information a été corollaire d'une absorption progressive, par cette notion, de significations parfois éloignées, là où, d'habitude, l'ouverture d'un nouveau champ de réflexion conduit à une restriction et une spécialisation des termes. Ainsi, une certaine confusion s'est peu à peu installée entre le fait de disposer d'une information et celui d'intérioriser une connaissance. L'un des premiers informaticiens universitaires français, Jacques Arsac, avait très tôt vu le danger quand il dénonçait, dès 1968, la confusion qui s'était instaurée entre l'information et le « sens ». Pour lui, l'informatique ne pouvait progresser, comme science concrète, qu'en renonçant à ce mélange[4]. Les informaticiens ne devaient désormais

---

[3]. Denis DE ROUGEMONT, « Information n'est pas savoir », *Diogène*, n° 116, 1981. Ce texte a été reproduit dans l'ouvrage collectif dirigé par Alain GRAS et Sophie POIROT-DELPECH, *L'Imaginaire des techniques de pointe*, L'Harmattan, Paris, 1989.
[4]. Jacques ARSAC, *La Science informatique*, Dunod, Paris, 1970.

s'occuper que de la *forme* et laisser la question du sens et des finalités à ceux qui en avaient la charge à leur niveau. Du même coup, pour lui, les projets de l'intelligence artificielle n'ont guère de pertinence puisqu'ils visent à faire simuler le sens par une machine. Jacques Arsac, comme Denis de Rougemont, a longtemps prêché dans le désert, tant la nouvelle utopie a généré un brouillage des notions au cœur même du domaine scientifique.

La même observation pourrait être faite pour ce qui concerne l'information médiatique. L'un des troubles provoqués par les médias aujourd'hui est le fait que l'homme moderne croit avoir accès à la signification des événements simplement parce qu'il est informé sur eux. Or, quel que soit l'effort que peut déployer un média, quelle que soit la qualité du travail journalistique, l'information arrive toujours à un seuil où elle est impuissante à rendre compte du sens de l'événement. La vision d'un enfant mourant de malnutrition ou plus simplement celle de la vie quotidienne dans une ville étrangère que restitue un reportage ne peuvent guère prendre sens sans une *expérience* vécue de la situation en question, que l'information, aussi bien faite soit-elle, ne peut pas restituer ou remplacer. Or, la situation est aujourd'hui paradoxale de ce point de vue : on peut éprouver bien plus intensément des sentiments provoqués par une fiction télévisuelle ou cinématographique que ceux provoqués par la vision à l'écran des malheurs réels du monde.

Les médias sont par nature censés rapprocher les hommes, tout au moins les faire accéder plus facilement à l'événement. La communication tend par nature à supprimer les distances. Mais les *distances*, justement, résistent bien plus fortement qu'on ne se l'imagine. Ainsi les arcanes de la situation politique et sociale en Roumanie sont restés pour l'essentiel incompréhensibles au public français et ils le resteront sans doute encore longtemps. La connaissance de la spécificité culturelle roumaine, qui seule permet d'accéder au sens des événements, est complexe et résiste à l'analyse. Les médias, en diffusant des informations, ont finalement, à leur corps défendant, augmenté l'ignorance dans laquelle nous sommes du monde réel, car l'ignorance n'a pas de meilleure alliée que l'illusion du savoir.

La généralisation du style médiatique

La confusion entre information et connaissance passe aussi par une tendance très prononcée actuellement à imposer les styles médiatiques à l'expression des connaissances. Le savoir, désormais, n'a pas d'autre choix que d'être compris par le grand public, c'est-à-dire ramené au plus petit commun dénominateur. Plus question de laisser parler un spécialiste, un savant, s'il n'a pas auparavant épuré son discours de tout ce qui est jugé « ennuyeux » ou incompréhensible. Le mieux est encore de montrer son image et de superposer un texte écrit et dit par un journaliste. L'intervention d'un savant doit désormais être un loisir pour le public, qui doit passer un « bon moment » et surtout ne jamais être confronté à son ignorance. L'information doit toujours correspondre à l'exigence du « plein », du remplissage maximal, alors que la production du savoir s'appuie beaucoup sur l'identification et l'acceptation des zones d'ignorance. Comme le souligne assez justement Baudrillard à propos de l'écriture : « Le terme d'information, qui suppose une sorte de vérité objective, implique l'exténuation des formes de la métamorphose, de l'illusion, quand l'écriture est au contraire un des lieux où il y a toujours quelque chose qui vous échappe, qu'il n'est pas possible de maîtriser[5]. »

A partir de là, toutes sortes de manipulations sont possibles dans la traduction, sous forme de messages médiatiques, de la connaissance. La plus courante est la réécriture des interviews (un hebdomadaire maintenant disparu a un jour publié une interview de Pierre Bourdieu où celui-ci s'exprimait en phrases courtes dotées immuablement d'un sujet, d'un verbe, d'un complément. Les connaisseurs ont bien ri, connaissant le style du sociologue. Compte tenu de la notoriété de l'auteur, le journal a dû présenter ses excuses la semaine suivante).

Le phénomène semble récemment s'être aggravé au point que certains intellectuels se demandent s'ils vont continuer à accorder des interviews alors qu'ils savent que leur texte sera réécrit plusieurs fois tout au long de la chaîne rédactionnelle, et probablement vidé d'une partie de sa substance. Aux protestations véhémentes qu'une telle pratique, systématique,

---

5. Jean BAUDRILLARD, interview au *Nouveau Politis*, n° 18, mai-juin 1994.

entraîne, certains opposent l'argument selon lequel peu importe ce qui est dit pourvu que l'on en parle. L'important est d'être dans le média pour exister, d'être « au centre », même si le message n'a plus finalement qu'une importance secondaire[6].

Dans le cas de l'interview, ce qui disparaît en général du texte, quand celui-ci est compris par le journaliste (ce n'est pas toujours le cas, car, comme partout, il y a de bons et de mauvais professionnels), est ce qu'on pourrait appeler le « fil argumentatif ». Construire une connaissance, défendre une idée, se fait généralement dans un processus qui enchaîne entre eux des arguments (c'est pour cela qu'il faut en général un peu de concentration pour suivre). Le médiateur, lui, va prendre une phrase par-ci, une phrase par-là, pas forcément dans le même ordre. Il va traiter un texte comme une suite d'énoncés détachables les uns des autres (l'information s'accommode très bien de la discontinuité là où la connaissance est un processus continu). Il arrive fréquemment que l'auteur ne reconnaisse plus ce qu'il a dit.

Le seul moyen d'éviter cela est de tenter d'enfermer dans une seule phrase un élément important du raisonnement que l'on soutient. Les hommes politiques, qui savent que leurs discours les plus raisonnés et les mieux argumentés n'ont que très peu de chance d'être reproduits dans leur logique initiale, connaissent bien le mécanisme et sont prodigues en « petites phrases » spectaculaires, à base de figures rhétoriques ou de formules chocs. L'ennui est que les figures de style se prêtent malgré tout assez mal, elles aussi, à la mise en œuvre d'un véritable raisonnement argumentatif[7].

Dans un autre sens, les médias contribuent largement, en retour, à amplifier les effets de la crise des valeurs. Ils sont, globalement, les premiers destructeurs de l'idée de « vérité ». Leur rôle en effet n'est pas de produire ou de détenir la vérité — dans ce sens, les médias ne sont pas un nouveau « pouvoir » —, mais bien plutôt de « composer la vérité » à partir des différents points de vue qu'ils ont charge de mettre

---

6. Ainsi l'analyse des recensions faites dans la presse de la première édition de ce livre montre que plus d'un tiers des journalistes ont fait un contresens majeur sur l'ensemble du livre, y voyant une apologie de la société de communication... Il faut évidemment renoncer à la tentation de dire : peu importe puisqu'on en parle !

7. Voir, à ce sujet, Philippe BRETON, *L'Argumentation dans la communication*, La Découverte, coll. « Repères », Paris (à paraître).

en scène. Ils jouent ainsi un rôle important dans le développement de l'idée selon laquelle il n'y a pas de vérité, mais uniquement des « points de vue ». L'impératif central, la règle d'or de l'interview aujourd'hui, bien au-delà du contenu qui y est évoqué, est de faire admettre par l'interviewé que son point de vue, surtout, n'est que relatif. S'il ne se soumet pas à cette injonction, sa contribution sera présentée comme « dogmatique » ou relevant de la « langue de bois ».

Un autre avatar de cette médiatisation de la connaissance est la généralisation des formules « table ronde » destinées à remplacer les conférences grand public traditionnelles. Au lieu de laisser un orateur — bon ou ennuyeux selon les cas — s'expliquer devant un public à l'intérieur d'une plage de temps et d'espace donnée, on organise une table ronde qui singe les débats télévisés. La scène est violemment éclairée et le public laissé dans l'ombre, le temps de parole est limité, parfois à une petite dizaine de minutes, et, souvent, un journaliste professionnel est chargé d'animer des débats qu'il organise à sa guise, en général à partir du même lieu commun : « Adressez-vous à moi, qui n'y comprends rien [le « candide »]. » Le résultat est souvent pitoyable, les arguments des uns et des autres hachés menus et aucun élément de connaissance et de réflexion ne peut parvenir au public. L'important est que les conférences, véhicules traditionnels du savoir, aient désormais un *look* médiatique plaisant. La tentation de transformer la connaissance, au moins sa vulgarisation, en « activité de loisir », trouve son prolongement dans le discours qui accompagne aujourd'hui le multimédia dans le domaine de l'éducation. Comme le dit à ce sujet Nicholas Negroponte : « La frontière entre le plaisir et le devoir va s'estomper sous l'effet d'un dénominateur commun[8]. » Fini les enfants transpirant péniblement devant leurs vieux outils éducatifs : livres, papier, crayons ! Grâce aux CD-ROM et aux techniques dites « multimédia », ils pourront désormais apprendre en s'amusant.

Les illusions du multimédia

L'outil de cette prétendue « révolution » serait la capacité du multimédia, comme le dit Thierry Gaudin, à réaliser le

---

8. Nicholas NEGROPONTE, *L'Homme numérique, op. cit.*, p. 272.

« vieux rêve d'uniformisation de l'information » en intégrant sur un même support l'écrit, l'image, le son. Cela permettrait, selon cet auteur spécialisé dans la « prospective », de « modifier complètement la problématique de l'éducation. Avec la capacité désormais infinie de stocker le savoir sous toutes ses formes, le rôle de notre système d'éducation est à présent d'enseigner l'art et la manière de s'orienter et de naviguer dans le savoir[9] ».

Cet argument montre bien combien a progressé la représentation de la connaissance dans les termes restrictifs de l'information. Le « savoir » y est présenté, comme dans la plupart des textes comparables qui présentent le multimédia, sous la forme d'un stock d'informations numériques qui seraient désormais disponibles grâce aux autoroutes de données. Écrivant rétroactivement l'histoire de la pédagogie, ces auteurs expliquent les échecs subis jusqu'à présent dans le domaine éducatif par le fait qu'un « savoir » pourtant existant n'était pas « disponible » par tout un chacun. En somme, tout était là, mais il manquait la bonne « connexion », que va permettre la « numérisation » de l'information chère à Nicholas Negroponte.

Dans cet esprit, les autoroutes sont donc bien plus qu'un média, elles sont le seul univers dans lequel le savoir peut exister de façon accessible. Il faudrait désormais apprendre à « naviguer dans le savoir ». Cette curieuse métaphore montre bien comment le canal est devenu une mer, comment le média est devenu un centre qui absorbe tout sur son passage.

Tout cela serait simplement amusant s'il n'était pas fait l'impasse sur une dimension essentielle de la « problématique de l'éducation », que tous les pédagogues, de l'école élémentaire à l'université, connaissent bien : le processus éducatif n'est pas d'abord une affaire d'accès au savoir, mais bien plutôt une manière de poser la question, fondamentale, du désir de savoir. Améliorer l'accès (dont la situation n'est d'ailleurs pas si mauvaise que cela) ne changera pas une virgule à la situation du désir de savoir qui doit animer l'élève.

La sous-estimation de cette donnée pourtant première n'est ici que la conséquence d'une représentation utopique de l'humain comme être sans intériorité, sans désir et donc sans absence de désir, réduit à la portion congrue de gestionnaire

---

9. Thierry GAUDIN, interview au *Nouvel Observateur*, n° 1568, novembre 1994.

des informations qui lui parviennent de l'extérieur. Le pur être médiatique se conçoit mal ignorant et désirant, deux qualités essentielles dont la reconnaissance permet pourtant d'accéder au savoir, comme modalité d'appropriation personnelle d'éléments extérieurs, y compris d'informations.

La suppression des enseignants

Or, c'est bien sur ce plan que les enseignants portent l'essentiel de leur effort, à travers le processus de transmission des connaissances. Vouloir transformer l'enseignant en simple assistant-navigateur d'élèves rendus subitement surdoués par l'accès au « savoir », en fait aux banques d'information, revient à vouloir liquider sa fonction principale. Les médiateurs n'ont à vrai dire jamais supporté la concurrence des enseignants. Le fantasme d'un système d'enseignement sans enseignant (à l'instar de l'« usine sans ouvrier », autre fantaisie des années cinquante) est ancien mais ne manque jamais une occasion de se réactualiser. Hier, dans les années soixante-dix, l'EAO (enseignement assisté par ordinateur) avait fait couler beaucoup d'encre du fait de ses prétentions, discrètement oubliées ; aujourd'hui, on ressort ce vieux thème avec les atours « modernes » du multimédia.

La grande nouveauté (outre l'accès « en ligne » à toutes les banques de données du monde...) est l'intégration du texte, de l'image, du son sur un même support. Que cela soit techniquement réalisable et, pour tout dire, assez fascinant en soi ne signifie pas que cela corresponde en quoi que ce soit à un véritable usage ou encore moins à une « révolution éducative ». On oublie trop facilement que le texte, l'image et le son obéissent chacun à des logiques de perception et d'imagination différentes, voire antagonistes. Il est intriguant de les voir réunis, mais rien ne dit que tout cela ait le moindre avenir.

La croyance qu'une modification quantitative dans l'accès à l'information va provoquer une mutation qualitative, sur le désir de savoir, cache une évolution bien réelle, qui a pour effet d'augmenter le fossé entre ceux qui sont dotés par la nature ou par l'environnement familial d'un tel désir, et ceux qui auront besoin d'un système éducatif attentionné pour le faire naître et l'entretenir. Or ces derniers sont et seront une large majorité et les premiers l'exception. Toute généralisation de telles conceptions éducatives risquerait donc d'accroître les inégalités dans ce domaine. Parties pour « démocratiser le savoir », comme le soutient Al Gore, ces techniques risquent une fois de plus de ne profiter qu'à ceux qui n'en ont pas besoin et d'exclure tous les autres.

Les contraintes de l'espace

Nous avons vu que Thierry Gaudin voulait transformer les enseignants en « navigateurs dans le savoir ». Nous sommes bien là dans l'espace sémantique de la cybernétique, étymologiquement « science du pilote ». Les modes actuels de désignation des futures autoroutes montrent comment on tente de construire, au moins métaphoriquement, la représentation d'un univers de la communication qui aurait pour vocation de tout absorber. Tout désormais se passera dans le « cyberspace », l'« espace cybernétique ». De multiples déclinaisons de vocabulaire, toutes articulées autour du signifiant « cybernétique », servent ainsi à construire l'illusion d'un espace : on trouve ainsi pêle-mêle, dans la littérature grand public qui évoque ces questions, les « cybersnobs » qui « plongent dans l'ère cybernétique » où ils ont une « adresse cybernétique » et s'inscrivent dans une « hiérarchie sociale cybernétique ». Dans ce monde, il y a également des « énigmes cyberpolicières » avec des « cybercrimes » sur lesquels enquêtent des « détectives cybernautes » et des « cyberflics ». Et si vous n'en êtes pas, vous êtes probablement un « cyber-plouc ».

Il faut avoir beaucoup d'imagination pour se représenter l'accès à un réseau de données — outil par ailleurs précieux en certaines occasions — sous la forme de l'entrée dans un « espace », quand on sait les contraintes linéaires de cet accès. Mais le problème serait en voie de règlement par les techniques du « virtuel » à l'aide desquelles, selon l'un de ses promoteurs, Philippe Quéau, « les cybermondes vont nous permettre de mieux agir sur le réel, ou même de l'"augmenter" »[10]. Le journaliste Hewitt Mike évoque par exemple le « *virtual reality bike* », produit de l'entreprise Cybergear, qui simule l'environnement de la route avec son et image qui défilent pendant que l'on pédale : « D'ici à quelques mois,

---

10. Philippe QUÉAU, introduction au *Programme d'Imagina*, février 1995.

on pourra lancer les vélos virtuels sur Internet, le grand réseau international de communication, ce qui permettra à des cyclistes de différents continents de s'affronter dans l'espace cybernétique[11]. »

Pour les néo-individualistes qui rêvent de passer la part la plus importante de leur temps devant leur ordinateur-terminal d'autoroute, il est clair que l'« espace » constitue une véritable frustration, qui trouve à s'exprimer dans ce processus métaphorique. Au-delà de la figure rhétorique, on voit bien comment se construit une équivalence entre l'espace géographique et l'espace médiatique, le monde « réel », géographique et physique étant appelé à basculer à l'intérieur du média, qui devient ainsi le centre du monde.

Ce fantasme va d'ailleurs à l'encontre des premiers constats effectifs faits sur l'usage des messageries électroniques. Un éditorial du journal *The Economist*[12] rappelait avec lucidité que « l'entrée dans l'ère de l'information s'accompagne du cliché selon lequel les réseaux mondiaux de télécommunications, de télévisions et d'ordinateurs sont en passe de faire disparaître les vieilles tyrannies exercées par le temps et l'espace ». S'appuyant sur plusieurs observations dans le monde de l'entreprise, le journal avance qu'« il faut s'attendre à la création d'espaces et de communautés différentes de celles que l'on trouve dans la nature. Mais ces créations modernes, loin de les remplacer, vont venir s'ajouter aux formes d'organisation originelles. Elles pourraient même les renforcer. Ainsi, les entreprises qui sont allées le plus loin dans l'établissement de liaisons électroniques entre leurs implantations de par le monde indiquent que le bon fonctionnement de leur société exige une augmentation — et non une diminution — des contacts de visu ». L'auteur de l'article conclut que « l'espace cybernétique veut donner l'illusion de s'affranchir de l'espace réel, mais ne peut aucunement le remplacer ».

Le fantasme de la vie des réseaux

Ces appréciations, qui replacent l'outil dans un cadre plus réaliste, n'empêchent pas certains d'aller plus loin dans ce

---

11. Hewitt MIKE, *The Independant*, in *Courrier international*, n° 190, juin 1994.
12. *The Economist*, in *Courrier international*, n° 198, août 1994.

fantasme en imaginant que les réseaux peuvent donner naissance à une certaine forme de vie, du moins à une vie un peu particulière.

La revue *Science* s'est fait récemment l'écho des travaux d'un chercheur en écologie, Thomas Ray. Celui-ci aurait conçu un « code informatique capable de se reproduire qui en une nuit avait proliféré jusqu'à occuper tout l'espace mémoire de son ordinateur et avait évolué pour se diversifier en une population de descendants présentant divers comportements, tels que le parasitisme, la coopération, et même une forme de reproduction sexuelle ». L'article ajoutait que « dès qu'il aura recruté suffisamment de volontaires pour donner de l'espace informatique à sa "réserve numérique", Ray lâchera son programme sur le réseau afin de le laisser se disperser, se multiplier et, qui sait, produire des formes de vie cybernétiques inattendues[13] ».

On trouve dans ce texte, comme dans d'autres, un exercice de contamination réciproque de lexiques habituellement indépendants au service d'un double fantasme, celui, plus traditionnel, de la « vie artificielle » et celui, d'apparition plus récente, du réseau de communication comme nouvel espace où nous allons désormais habiter et même cohabiter avec des créatures virtuelles[14]. Le mélange des deux lexiques et en amont des deux univers de signification, l'un à propos des objets techniques, l'autre à propos de l'humain, est bien la caractéristique ici d'une utopie aux allures modernistes.

De tels propos ne sont pas tenus simplement par quelques marginaux, fanatiques des réseaux, mais ils trouvent également de multiples résonances au cœur de la communauté scientifique. Le célèbre astronome Stephen Hawking soutient par exemple que « les virus informatiques devraient être considérés comme vivants[15] ». Le jeu de métaphore va encore plus loin chez les néo-mystiques, proches du mouvement New Age, qui n'hésitent pas à comparer l'organisation des réseaux de communication à un gigantesque « cerveau », où se mêleraient, sans frontière repérable, vie naturelle et

---

13. Flam FAYE, *Science*, cité par *Courrier international*, n° 189, juin 1994.
14. Pour un développement de ce thème, voir Philippe BRETON, *A l'image de l'homme, du Golem aux créatures virtuelles*, Seuil, coll. « Science ouverte », Paris, 1995.
15. Cité par Susan WATTS, *The Independant*, Londres, cité par *Courrier international*, n° 199, août 1994.

« vie artificielle ». Pour d'autres, comme Thierry Gaudin, « il faut que nous admettions que nous sommes devenus une collectivité de cerveaux reliés les uns aux autres[16] ». On notera que sur ce point, comme sur d'autres, il n'y a pas une once d'idée nouvelle par rapport aux thèses de Wiener. Simplement, là où ce dernier n'avait que le télégraphe et l'infor matique naissante comme moyens techniques de son utopie, on dispose aujourd'hui d'outils apparemment plus sophistiqués. L'idée centrale reste que l'homme est bien un être informationnel, comparable aux machines qu'il crée, et qu'il ne se développera convenablement que dans un milieu informationnel où il pourra se mêler avec elles.

L'incontournabilité des médias

Un autre exemple de réécriture de l'histoire concerne le rôle des médias dans la circulation de l'information entre les hommes. A en croire certains, avant ce développement foudroyant des médias en tout genre, chacun était isolé, cloisonné et on ne savait rien sur rien. Même si d'indéniables progrès ont évidemment été faits dans ce sens, il est impossible de ne pas voir qu'avant les informations circulaient, essentiellement, par des contacts interpersonnels. Les faits circulaient avec lenteur et étaient certes déformés, mais ne le sont-ils pas aujourd'hui d'une autre façon ?

La nouveauté est qu'aujourd'hui les médias prétendent au monopole de la circulation de l'information entre les hommes. Plus aucun émetteur ne doit avoir de média qui lui soit propre, comme le montre l'exemple de la disparition des journaux politiques. A l'inverse, comme on l'a vu en Italie, ce sont les propriétaires de médias qui entrent en politique. Dans ce sens, le système médiatique ne conduit pas vraiment à « plus de démocratie », car cette notion implique une maîtrise des moyens d'expression par ceux-là mêmes qui s'expriment.

Une autre caractéristique de cette tentative d'absorption du monde par les médias est la place que ces derniers prennent comme système de guidage externe de l'action humaine.

---

16. Thierry GAUDIN, interview au *Nouvel Observateur*, n° 1568, novembre 1994.

La fin des « cinémas intérieurs » comme ressorts de l'imaginaire mais aussi comme instance de légitimation des comportements a favorisé la multiplication des instances sociales qui fonctionnent comme autant de boussoles pour se diriger dans le monde.

Certes, l'individu du XIXe siècle était lui aussi un « être social », fortement pris, par exemple, dans des réseaux familiaux que la société s'ingéniait à encourager. Mais l'une des valeurs que cette société exaltait, à la conjonction de l'humanisme et du romantisme, était justement la « direction de l'intérieur ». Riesman utilise à ce propos la métaphore du « gyroscope psychologique » : « Cet instrument, une fois réglé par les parents et les autres autorités, permet à l'individu introdéterminé de maintenir son ''cap'', même lorsque la tradition a cessé de lui dicter ses mouvements[17]. »

C'est sans doute dans cette perspective que les médias sont devenus aujourd'hui incontournables car ils sont désormais le seul lieu où l'on trouve les informations permettant de décoder les différents univers dans lesquels nous évoluons. Cette règle vaut tout autant pour ce que l'on appelle l'« information journalistique » que pour ce qui concerne la vie et les comportements d'autrui, dont la mise en scène constitue aujourd'hui un fonds de commerce de plus en plus important pour la presse et la télévision. Les « vedettes » jouent de ce point de vue un rôle important car, grâce à leur désir intense d'être vues dans les aspects les plus privés de leur vie, elles autorisent notre regard curieux à savoir « comment les autres font ». Le voyeurisme, largement permis par les médias, n'est plus aujourd'hui un défaut de moralité, mais une vertu nécessaire à la survie sociale.

Il faut prendre garde à ce sujet de ne pas y voir ni un machiavélisme pervers, ni une « perte » par rapport à un passé idéal. Les médias ne font après tout que remplir un vide dont ils ne sont guère responsables. Cela est si vrai que ceux qui mesurent l'influence des médias sur les comportements savent bien que, là où les communautés restent fortes et influentes sur leurs membres, l'impact des médias est qualitativement différent : les messages qu'ils diffusent sont réinterprétés et passent obligatoirement dans le tamis des valeurs propre à cette communauté. En retour, l'importance

---

17. David RIESMAN, *op. cit.*, p. 39.

conférée aux médias est un moyen de sortie pour ceux — par exemple, les adolescents — qui veulent prendre leur autonomie par rapport aux valeurs d'un groupe familial ou communautaire. L'impact des médias est donc relatif à la nature du lien social dans lequel ils interviennent.

Les médias sont de plus un incomparable moyen de diffusion de la communication comme valeur : on remarquera en effet la place croissante prise, par exemple à la télévision, par la mise en scène de situations de communication à tous les niveaux possibles. Les personnages des « séries » nous montrent comment communiquer et surtout comment faire pour communiquer. Il y a peu d'émissions aujourd'hui sans débats, échanges et participations diverses du public. L'attrait pour les jeux divers vient aussi de ce qu'ils sont des situations de communication privilégiées. La grande force des médias aujourd'hui tient à l'extrême homogénéité entre les moyens techniques qu'ils représentent et les valeurs qu'ils incarnent. Dans ce sens, le message principal — peut-être même l'unique message véritable — que les médias véhiculent aujourd'hui est l'importance de la communication comme valeur centrale autour de laquelle la société est censée s'organiser. Ce message prend de plus en plus une forme performative : il faut communiquer, quel que soit le contenu ! On assiste ainsi à un phénomène curieux d'amplification sélective puisque les médias tendent à n'accorder d'importance qu'à ce qui communique bien... par leur intermédiaire. Il n'est, dans cet esprit, de *bon* message qu'un message facilement communicable.

Toutes les conditions sont ainsi réunies pour que la contrainte exercée par les médias devienne finalement invisible, ce qui est après tout le propre d'une idéologie. Mais leur grande faiblesse tient à ce que, d'une certaine façon, ils ne doivent leur existence qu'au vide qu'ils comblent. Les médias, aujourd'hui incontournables, ne sont peut-être finalement, sous leur forme actuelle, qu'un aspect transitoire de l'activité humaine, directement lié à l'état singulièrement dépressif du lien social.

8

Le nouvel individualisme et la montée de la xénophobie

Que l'utopie se réalise ou non, sa simple existence comme idéal n'en a pas moins des effets concrets, notamment dans l'encouragement des nouvelles formes d'individualisme qui caractérisent les sociétés modernes de la fin du xxe siècle. Celles-ci, qui ne sont pour l'instant que des phénomènes naissants, sont d'autant plus difficiles à percevoir qu'elles viennent en association avec un formidable mouvement collectiviste. Le recours systématique à la communication aujourd'hui produit deux effets apparemment contradictoires : une uniformisation planétaire des goûts, des normes et des comportements, la construction d'un espace public universel, et, en même temps, un repli de l'individu sur lui-même. Ce scénario pourrait conduire à un modèle de lien social où l'individu, seul et muré physiquement dans son « salon multimédia », communiquerait virtuellement avec le monde entier. Ce néo-individualisme, et les contraintes qu'il pourrait faire peser sur les consciences, n'est pas tout à fait sans rapport avec la montée actuelle de la xénophobie. Bien sûr, celle-ci puise à des sources plus traditionnelles, voire archaïques, que l'apologie, justement, d'une universalité sans contenu ne peut qu'encourager. Mais on ne s'empêchera pas de voir que le modèle de l'homme moderne, comme l'avait vu avec une intuition fulgurante Asimov, privilégie à la fois la recherche effrénée d'un contact « virtuel » et déréalisé et le refus, voire le dégoût, de tout contact réel avec autrui. Celui-ci est renforcé par la progression d'un idéal de « pureté », qui semble concerner de plus en plus les comportements individuels. Ces derniers traits dessinent les contours d'une nouvelle xénophobie, qui ne concerne plus cette fois les réactions d'un peuple à l'égard d'autres peuples, mais celle d'un individu à l'égard des « autres », catégorie générique propre au néo-individualisme de la « société de communication ». Dans ce nouvel imaginaire, on pourrait tout accepter des autres, pourvu qu'ils restent à distance, ce qui est au fond la définition initiale de la xénophobie.

Les transformations de l'espace public

La double apologie de la transparence sociale et de la rationalité des comportements de l'homme à laquelle nous avons assisté ces dernières années n'est pas restée lettre morte. Les nouvelles représentations de soi, conjuguées avec la puissance des médias et des « nouvelles technologies de communication », ont transformé progressivement les conditions de la vie en société, notamment du point de vue de l'extension de l'espace public. L'abondance à la télévision comme dans les autres médias d'émissions ou d'articles mettant en scène tel ou tel aspect de la vie privée des gens en est un signe tangible. Le désir d'être l'objet d'une médiatisation l'emporte largement sur la discrétion qu'appellerait le respect d'un espace privé. Paradoxalement, c'est dans le domaine de la sexualité que la barrière du privé semble s'effondrer le plus facilement. On ne manque guère, par exemple, de couples candidats à la médiatisation de leurs fantasmes personnels ou même de leurs ébats intimes (on peut prédire que de telles émissions sont pour bientôt à la télévision et ce type de situation est déjà l'objet d'une commercialisation). Dans ce sens, la scène pornographique, loin d'être un lieu social marginal (ce qu'elle n'est d'ailleurs pas en termes de consommation), est sans doute la scène symbolique centrale de la « société de communication ». Elle incarne parfaitement le double idéal de transparence et de rationalité des comportements.

Pornographie et communication

Asimov avait bien anticipé cette situation. La nudité « en public », c'est-à-dire dans les « salons de conversation » électroniques, n'est pas considérée comme choquante sur cette métaphore du monde moderne qu'est la planète Solaria. Ce détail, qui donne lieu à quelques morceaux de bravoure dans le livre d'Asimov, est très révélateur d'un double déplacement de la personnalité actuellement repérable au sein de notre société : d'un côté, la fin de la rencontre physique correspond à l'ouverture d'un espace hyper-privé, tandis que, d'un autre côté, le développement des communications à distance inaugure le développement d'un large espace hyper-public. Entre les deux, la personnalité « classique », nourrie des représentations humanistes de l'homme, tend à disparaître car il n'y a plus guère d'espace entre le « faiblement rencontrant » et le « fortement communiquant ».

Être nu en public n'est pas choquant puisque ce n'est qu'une image, parmi la masse des images médiatiques qui s'interposent de plus en plus entre les hommes. Cette image médiatique, d'une certaine façon, n'engage pas personnellement celui qu'elle représente. A l'autre bout de la chaîne, on assiste à ce que certains n'hésitent pas à appeler le développement de l'« incommunicabilité », c'est-à-dire en fait, si l'on veut bien renoncer sur ce point à tout jugement de valeur, à l'existence de plus en plus marquée d'un « moi-pour-moi », d'un territoire où personne d'autre que moi, jamais, ne pénétrera, lieu d'un individualisme profond. La trop grande transparence des communications médiatisées en même temps que l'impossibilité pratique de s'opposer véritablement au regard d'autrui expliquent sans doute le renforcement de cet espace hyper-privé, fortement défendu et prochain objet, peut-être, d'un assaut des médias au nom du sacro-saint « droit à l'information ».

Ce double déplacement de la personne correspond bien par ailleurs aux modifications survenues dans les structures familiales. La fin des familles intégrant sur les mêmes lieux de vie plusieurs générations va de pair avec le développement des familles nucléaires, puis monoparentales, intégrées dans un vaste ensemble collectif qu'un auteur bien inspiré avait appelé, de façon encore très optimiste, le « village planétaire » — concept, remarquons-le, qui était déjà largement en germe dans *Solaria*. Là où la famille élargie constituait un rempart contre une ingérence trop forte de la société globale et un lieu de développement d'une vie privée partagée, l'individu doit réinventer un espace de protection de ce qu'il est sans doute en droit de considérer comme strictement personnel. Cet espace, aujourd'hui, semble être fortement individualisé.

La continuité communicationnelle

L'espace social est également largement transformé par les possibilités qui sont désormais ouvertes de participer à ce que l'on pourrait appeler la *continuité communicationnelle*. On sait aujourd'hui que beaucoup de temps est consacré aux divers médias. En théorie, un individu peut *ne jamais cesser de communiquer*, du matin jusqu'au soir, si l'on veut bien admettre de ranger dans cette catégorie le fait d'écouter la radio le matin, de lire un journal, de participer à des « forums électroniques » à l'autre bout du monde, de vivre dans un environnement où la radio occupe en permanence une bonne partie de l'espace sonore, de passer sa journée devant son écran d'ordinateur, qui maintenant diffuse aussi la télévision. Si l'on ajoute à cela qu'il est tout à fait concevable que toutes les relations que l'on entretient avec les autres puissent être gérées comme des communications fonctionnelles (avec des objectifs et des techniques), alors nous sommes bien en présence d'un phénomène de « continuité communicationnelle » impliquant en permanence l'individu (sans doute même jusque dans ses rêves nocturnes).

La représentation de soi comme une « machine communicante

Un autre trait montre à quel point le thème de la communication, sous sa forme sans doute la plus utopique, a pénétré dans notre société : la progression de la représentation de soi comme « machine communicante ». Sherry Turkle[1] souligne, par exemple, le recul dans la culture populaire de la métaphore freudienne de l'inconscient, comme moyen d'imaginer ce qu'est, fondamentalement, une « personne humaine », au profit d'une présentation de l'homme comme *machine communicante*, ou mieux, comme « partie d'un système collectif de traitement de l'information ». Dans un sens, les conceptions modernes liées à la communication tendent à promouvoir l'image d'un individu entièrement social.

Le caractère éminemment contemporain de certaines formes d'autisme est là comme le symptôme limite d'un

---

1. Sherry TURKLE, *Les Enfants de l'ordinateur*, *op. cit.*

phénomène plus général qui, globalement, n'est d'ailleurs pas forcément négatif. Bruno Bettelheim, à ce sujet, établissait avec beaucoup de pertinence le lien entre ces maladies et les techniques modernes : selon lui, alors que dans l'ancien temps même Lucifer était considéré comme une personne, aujourd'hui le délire hallucinatoire consiste à se croire dirigé par une machine qui a le pouvoir de décision[2].

Le mythe moderne de l'« intelligence artificielle », partie intégrante de la nouvelle utopie, contribue largement à développer une telle représentation de soi. Si l'on peut construire une machine qui soit « comme un homme », qui dispose non seulement d'une intelligence mais aussi d'une « conscience artificielle », pourquoi l'homme ne pourrait-il pas être considéré comme une machine[3] ? A vrai dire, l'impact majeur, aujourd'hui, du domaine de l'intelligence artificielle semble être plutôt d'avoir transformé, sur un plan culturel, les représentations de l'homme que d'avoir fait progresser le projet scientifique lui-même. Si l'on accepte de mettre à part les progrès réalisés en informatique proprement dite — c'est-à-dire le domaine de l'outil —, il faut bien reconnaître en effet que les projets de l'intelligence artificielle — qui consistent à réaliser *ad minima* un équivalent artificiel de l'intelligence humaine — n'ont pas connu, à l'heure d'aujourd'hui, le moindre commencement de réalisation. Ce qui n'empêche pas, d'ailleurs, comme l'a très bien montré Hubert Dreyfus[4], que cette variante de l'utopie continue à faire des adeptes, régulièrement oublieux des échecs du passé.

L'illusion de la libération par la communication

La nouvelle utopie génère aujourd'hui une illusion majeure, celle de la toute-puissance libératrice de la communication. Cette illusion s'articule autour de deux croyances. D'une part, le seul fait de communiquer serait suffisant pour vivre harmonieusement en société. D'autre part, la

---

2. Ce thème — ainsi que certains développements qui suivent — a été discuté dans un article déjà cité : Philippe BRETON, « Retour vers le futur », contribution au numéro sur les « Technologies du quotidien », *Autrement*, série « Sciences en société », n° 3, 1992.
3. Ce point est abondamment traité dans Philippe BRETON, *A l'image de l'homme, du Golem aux créatures virtuelles, op. cit.*
4. Hubert DREYFUS, *Intelligence artificielle. Mythes et limites, op. cit.*

communication pourrait s'instrumentaliser, c'est-à-dire être l'objet d'un savoir pratique aisément manipulable. « Parlez et tout ira mieux » est devenu un lieu commun moderne.

C'est sur cette illusion que prolifèrent actuellement toutes les « formations » qui proposent l'« épanouissement de soi » par l'accès à des « techniques relationnelles ». La quête moderne du bonheur passerait ainsi par un apprentissage technique de la communication. Mais le fait que ces nombreux stages d'« épanouissement personnel » s'adressent bien souvent à des personnes socialement en difficulté donne une certaine tonalité à cette quête du bonheur, qui apparaît plutôt, dans ce contexte, comme la recherche de moins de « malheur ». La communication ne peut jamais apporter un plus, une véritable nouveauté : son rôle se limite le plus souvent à réduire un désordre, à rétablir une situation. La communication est bien, sous quelque angle qu'on la prenne, une valeur réactionnelle.

Les théories qui proposent l'instrumentalisation des comportements de communication — comme, par exemple, la PNL — se présentent d'ailleurs souvent comme valables aussi bien pour aider les personnes en difficulté, dans le cadre d'un soutien psychologique, que pour former des managers ou des commerciaux habiles à convaincre et à dénouer des situations de communications complexes. Les théories dites de « Palo Alto » sont de la même eau : valables aussi bien pour le management que pour la psychothérapie. Il y a là une étrangeté qui a été peu remarquée jusqu'à présent : comment les mêmes « techniques de communication » peuvent-elles jouer sur des registres aussi différents ? Nous sommes là aussi en plein dans l'illusion d'une clef universelle unique qui ouvrirait toutes les portes. La communication, sous sa forme utopique, est un univers simplifié, étroitement dichotomique où l'information n'a pas d'autre choix que l'entropie. L'entropie, dans cette optique, est une vaste catégorie qui absorbe tout ce qui s'oppose à l'« information ». Les troubles de la personnalité, aussi bien, par exemple, que la mauvaise circulation d'un message dans une entreprise relèvent alors d'une même structure : tout ce qui n'est pas information serait « bruit », « désordre », « pathologie ». Or l'activité humaine, bien sûr, échappe à cette alternative strictement binaire.

L'illusion de la toute-puissance libératrice de la communication constitue par ailleurs le ressort dramatique essentiel de cette chanson de geste contemporaine qu'est la scène pornographique. Celle-ci incarne de façon quasi emblématique, sur une question censée rester sinon secrète, au moins discrète, les traits illusoires de la toute-puissance libératrice de la communication[5]. L'illusion de la pornographie est constituée par le fait, d'une part, que la mise en présence des partenaires, donc le simple acte de communiquer, suffirait à provoquer la situation de désir et, d'autre part, que l'amour « bien fait », sur un plan « technique », serait la source unique du plaisir. Il est de mise, souvent, de critiquer l'« indigence » des scénarios de films pornographiques et de mettre sur le dos d'une médiocrité de réalisation l'illusion de cette toute-puissance libératrice de la « communication sexuelle ». Mais on oublie alors que si l'on voulait mettre en scène autre chose que cette « instantanéité du désir » et cette « technicisation du plaisir », il n'y aurait, à strictement parler, plus rien à voir, plus de spectacle, plus d'illusion, plus de film, puisque la représentation de l'acte sexuel se diluerait dans l'épaisseur de la vie et la montée du désir dans sa propre complexité invisible. La pornographie est ainsi une très bonne métaphore de l'illusion, beaucoup plus générale, de la communication toute-puissante : on y montre tout ce qui est visible, mais du même coup on n'y voit jamais rien, du moins rien de ce qui est essentiel. L'effet pervers s'inscrit tout entier dans ce décalage, qui provoque ce que l'on appelle, au sens strict, de la *frustration.*

Un nouvel individualisme

Un nouvel individualisme est à l'évidence en train de se développer au sein des sociétés occidentales, aussi bien que de celles qui sont influencées par l'Occident. De multiples indicateurs démographiques et sociologiques rendent compte de cette évolution. Le premier d'entre eux est sans doute le

---

5. Cette analyse n'est pas une condamnation morale de la pornographie : toute société met en scène d'une façon ou d'une autre la représentation de l'acte sexuel et la censure n'est qu'une variante de cette mise en scène. La question est plutôt de savoir quelles sont, à un moment donné de l'histoire d'une société, les modalités de cette mise en scène.

nombre de personnes composant les « ménages ». La tendance lourde est que ceux-ci se réduisent de plus en plus à une seule personne (on parle de « ménage célibataire »). Ce phénomène s'accélère actuellement, car, après la diminution des mariages, on assiste maintenant à la diminution des couples même non mariés. De plus, beaucoup de ménages composés de deux personnes comprennent en fait la mère et son enfant. Cette pente statistique n'implique pas forcément un jugement de valeur : seul ne veut pas dire solitaire. Mais elle dessine un contexte dans lequel il faut évaluer le poids et le rôle des médias et des techniques de communication. Asimov, on s'en souvient, avait bien anticipé une évolution de ce type, en décrivant une société qui avait institué le caractère obligatoire des « ménages célibataires ».

Il serait bien mal venu, dans un style « technophobe », d'imputer cet état de fait au développement des moyens de communication. On prendra plutôt le problème dans l'autre sens : il est clair que le thème de la « communication » ne peut avoir une certaine résonance que dans une société dont les membres sont de plus en plus séparés, ou du moins se vivent comme tels. Certains optimistes pourront même soutenir que justement, compte tenu de cette évolution, il est nécessaire d'avoir massivement recours aux moyens de communication. Mais la question, en l'occurrence, est de savoir si l'excès de remède ne tue pas le malade, ou, pour reprendre une formule de Watzlawick, si la solution ne devient pas pire que le problème lui-même.

Une société fortement communicante mais faiblement rencontrante

L'élément essentiel du nouvel individualisme que provoque le recours systématique aux médias est sans doute la façon dont ceux-ci privilégient la communication indirecte, abstraite, sans véritable rencontre avec l'autre. La conception « utopique » de la communication transforme en effet celle-ci en un échange de messages de plus en plus abstrait et déréalisé, de plus en plus manipulé aussi, par des intermédiaires en tout genre. Le risque que nous prenons ici est celui d'une société certes fortement communicante, mais faiblement rencontrante.

L'idéal du médiateur semble ainsi être que l'homme de demain minimise le plus possible ses déplacements physiques pour privilégier la circulation de messages dans les réseaux. Assis devant son terminal, branché avec le monde entier, celui-ci pourra désormais se passer de toute mobilité. Ne nous présente-t-on pas comme le fin du fin le fait de pouvoir rester chez soi pour travailler, de pouvoir faire ses courses dans un supermarché « virtuel », de disposer sur son écran de tous les loisirs du monde, d'y dialoguer avec ses proches, ou d'autres, et, *in fine*, de s'y adonner au « sexe virtuel ». Cet homme moderne-là, dans tous les sens du terme, n'a plus besoin de partenaire physique à ses côtés. Il est le ménage célibataire par excellence. Il s'accoutume à un rapport à l'autre curieux, qui le rend à la fois phobique à la présence physique d'autrui, mais en même temps étroitement dépendant de sa présence virtuelle. Comme l'avait remarqué la psychologue Sherry Turkle à propos du rapport étroit qu'entretenaient certains de ses patients avec l'ordinateur, celui-ci « offre une compagnie dénuée du caractère menaçant de l'intimité avec autrui[6] ».

Ce néo-individualisme se vit comme extraordinairement communicant, mais c'est au prix de vider la communication de sa substance : la rencontre avec l'autre, la rencontre avec un univers qu'on n'a pas forcément choisi, la confrontation avec ce que l'on pourrait appeler au sens fort une surprise.

Les pièges de l'interactivité

La surprise est justement ce que semble s'acharner à traquer les nouveaux utopistes. A l'argument d'une communication qui encourage plus la solitude et l'autisme que les relations avec autrui, ils répondent par un concept majeur : l'interactivité. Loin d'être consommateur passif de télévision, de loisirs, l'homme des réseaux pourra intervenir sur le message, grâce aux techniques interactives. Dans un premier temps, selon Bob Stewart, directeur du marketing chez Pacific Bell, le spectateur se verra offrir « différents montages effectués pour mieux correspondre aux particularismes socioculturels : le Bangladesh recevra peut-être une version substantiellement différente d'un même film que celle diffusée au

---

6. Sherry TURKLE, *op. cit.*, p. 119.

Canada ou à la France ». L'objectif, ajoute-t-il, est de « conformer un produit aux désirs et aux goûts » du public[7]. Certains vont plus loin, comme Graham Browne-Martin, qui déclare : « Nous sollicitons les musiciens en leur demandant d'aller vers une communication élargie. La nouvelle génération n'a plus la même approche des médias, elle a grandi avec la vidéo, avec les jeux interactifs, avec les chaînes multiples et le zapping. Elle ne veut pas rester captive, elle veut participer, engager son esprit. La musique est une expérience passive, si on veut lui rendre son pouvoir d'attraction, il faut donner du pouvoir à l'auditeur, lui permettre de contrôler son environnement[8]. »

L'argument, on le voit, consiste d'abord à dévaloriser les formes « traditionnelles » d'écoute de la musique, qualifiées de « passives », puis à traduire en termes médiatiques et communicationnels ce que doit être la production de musique, le tout assorti d'un slogan démagogique : soyez à vous-même votre propre producteur. Cette manière de voir éclaire singulièrement bien la représentation d'un homme « sans intérieur » qui domine ces milieux. *Exit* le travail de l'imagination, dont on sait qu'elle est active et singulière ; *exit* aussi la notion d'œuvre qui vous surprend parce qu'elle vient de quelqu'un qui n'est pas vous. Voudrait-on construire progressivement un climat d'éloignement, puis de rejet xénophobe de l'autre qu'on ne s'y prendrait pas autrement. Ne fait-on pas l'apologie du « cybersexe » avec l'idée qu'enfin le partenaire (virtuel) « fait ce que je veux et épouse mes moindres désirs », conduisant à ce que le sociologue berlinois Alexander Schuller appelle l'« onanisation de la sexualité ».

Le morceau de bravoure dans l'exaltation de l'interactivité revient à Nicholas Negroponte et à sa vision du journal de demain. Celui-ci imagine que, avec les autoroutes de données, les médias d'information changeront radicalement. D'abord, il invente (tout cela est purement théorique) un « agent d'interface », sorte de serviteur électronique qui connaît parfaitement ses goûts, ses besoins, ses humeurs. Ensuite, il commande à cet agent de composer, en fonction de lui et du moment dans la semaine, un journal en lisant

---

7. Cité *in Le Monde*, 15 avril 1995.
8. Cité *in Libération*, 29-30 janvier 1994.

tous les télex, tous les journaux, tous les bulletins TV. Ce genre de journal, dit-il, « n'existe qu'en un seul exemplaire » et il ajoute « appelons-le *Mon monde*[9] ». Cette farce séduisante (tout entière contenue dans Asimov, dont Negroponte a dû être le lecteur cryptomnésique) révèle un individualisme profond et inquiétant.

Ainsi informé, chacun vivrait de plus en plus dans « son monde ». Si l'on admet l'idée que toute société à la fois respecte l'individu dans sa singularité et le fait participer à des mouvements collectifs, on voit bien que l'objectif ici est de désynchroniser systématiquement tous les individus les uns par rapport aux autres. Le fait, par exemple, d'appartenir à la même communauté de lecteurs, indignés au même moment par la lecture du même éditorial du journal *Le Monde*, par exemple, peut bien faire horreur aux nouveaux utopistes, elle n'en constitue pas moins un élément du lien social. Mais c'est bien cela qu'ils veulent dénouer. On retrouve là les accents les plus radicaux des mouvements anarchistes du XIXe siècle, jusqu'à cette quasi-paraphrase de Bakounine par Negroponte, lorsque ce dernier affirme qu'une « structure décentralisée pratiquant l'intercommunication est beaucoup plus résistante et a plus de chance de survivre et d'évoluer[10] ». On voit bien comment un tel idéal peut faire jonction avec les valeurs du libéralisme, qui fait de l'hostilité à l'État et de l'apologie de l'initiative privée les deux piliers de la civilisation.

Mais cette mise à distance de l'autre et ce repli dans « mon monde » portent en germe une forme nouvelle de xénophobie et c'est là, sans doute, que s'opère une jonction inédite et malheureuse, entre des valeurs apparemment modernes et certains courants remontés de l'horreur. Partie pour lutter contre la barbarie, la communication, par excès de prétention, nous y ramène directement.

Un monde d'harmonie et de consensus

L'utopie de la communication est, par exemple, obsédée par la volonté de mettre en place une société harmonieuse

---

9. Nicholas NEGROPONTE, *L'Homme numérique, op. cit.*, p. 192.
10. *Ibid.*, p. 198.

et sans conflit, un monde enfin consensuel, régie par des « règles du jeu » définies en commun. La vision du monde sous-jacente aux techniques de manipulation et de négociation prônée par la PNL va tout à fait dans ce sens. Pour ses théoriciens, communiquer passe d'abord par la définition d'un *objectif* clair et ensuite par l'identification de l'objectif de l'autre. A partir de ce moment, la communication est l'acte positif d'*harmonisation* de ces objectifs. Les techniques prônées sont des techniques de « synchronisation », au niveau corporel — la respiration ou les mouvements oculaires, par exemple —, mais surtout au niveau des systèmes de valeurs et de représentations du monde. La réussite d'une argumentation se mesure ainsi au degré d'harmonisation des valeurs qu'elle permet d'obtenir.

Chaque acte de communication s'inspire ainsi d'un idéal d'harmonie qu'elle contribue en même temps à construire pierre à pierre. L'effet pervers de cette approche typiquement utopiste est ici le déni systématique du conflit, qui est ainsi diabolisé, renvoyé au seul espace de la violence et du désordre destructeur. Cette partition étroitement binaire entre le bien (l'harmonie des objectifs) et le mal (le conflit) laisse peu de place à une troisième voie : celle que l'on pourrait appeler sommairement la « contractualisation du conflit », c'est-à-dire la reconnaissance qu'il y a bien un conflit, provisoirement irréductible, mais que l'on doit malgré tout avancer dans le cadre d'une communauté effective, ne niant ni les différences ni les désaccords. Il n'est pas sûr que l'écrasement de cette troisième voie ne produise pas en retour un effet désastreux en faisant du rapport de force la seule alternative à l'action consensuelle et en niant la nécessité d'une loi qui puisse en dernière instance trancher entre des positions contraires et conflictuelles. L'utopie de la communication conduit ainsi au refus de la loi en prônant un monde qui pourrait se passer de juge, de droit, de normes, un monde où les partenaires n'auraient de cesse de se mettre d'accord entre eux, en face à face, par le jeu d'une recherche de transparence qui ne fait intervenir aucun tiers mais simplement des « contrats ». L'hostilité absolue de Wiener pour le système judiciaire et ce qu'il appelait de manière peu amène la « faune obscure, négativement phototropique des tribunaux » engendre ainsi un effet pervers désastreux, le refus de la loi et son corollaire immédiat, l'irruption de la violence.

La même analyse pourrait être faite, en parallèle, pour ce qui concerne la question de la critique. La recherche de l'harmonie et du consensus, l'obsession de la positivité présupposent l'élimination systématique de toute forme d'expression critique. A l'antithèse de la formule sartrienne qui énonce qu'à l'origine de tout « il y a d'abord le refus », les théoriciens de la nouvelle utopie soutiennent que la négation est un « brouillage » dans la communication (Watzlawick insiste beaucoup sur ce point). La personnalité valorisée est celle de l'homme « positif ». Là aussi, la critique, la négation comme outil de la réflexion et de la connaissance sont diabolisées et renvoyées à l'univers malin du désordre entropique. Un monde où, pour reprendre le mot d'Henri Lefebvre[11], « le réel est identique au rationnel », un monde constitué entièrement d'« objectifs à atteindre » et de désordre à réduire. Là aussi, tout un pan de l'activité humaine est rayé de la carte et l'instinct, contre lequel on croyait pouvoir lutter, risque de faire retour violemment.

Une société privée de futur

L'effet pervers qui concentre sur lui le plus de danger est sans doute le véritable *hold-up du futur* auquel les thuriféraires de l'utopie de la communication se sont livrés. Quelle représentation avons-nous en effet aujourd'hui de ce que sera le futur ? Malgré la multiplicité des idéologies et des valeurs, toutes achoppent sur cet exercice difficile qui consiste à proposer un futur comme guide de l'action.

La seule image du futur dont nous disposions encore est justement celle d'une société de communication hypertechnologique faite de nouveaux médias et d'autoroutes de la communication. On nous rebat constamment les oreilles, dans cette perspective, avec les changements cette fois-ci véritablement révolutionnaires que la télévision haute-définition, les téléphones portables, les nouveaux « multimédias », les « univers virtuels », les machines dotées d'une « conscience artificielle » seraient censés provoquer. Ces thèmes absorbent à peu près toutes les représentations du futur que nous proposent les « spécialistes », relayés par les médias. On peut discuter le contenu de ces représentations. On n'y trouve

---

11. Henri LEFEBVRE, *Position : contre les technocrates*, Médiations, Paris, 1967.

pourtant rien de très original, ni de très nouveau. La vision futuriste de l'avenir existe depuis très longtemps et les années cinquante ont été de ce point de vue remarquablement prodigues.

Mais la question n'est pas là. Le fait est plutôt que, jusqu'à présent, cette vision futuriste était concurrente avec d'autres visions, utopiques ou non. La vraie nouveauté, et en même temps le vrai danger, est que cet avenir en termes de communication est désormais le seul disponible sur le marché des idées. Là aussi, la faillite des idéologies a laissé un vide qui ne peut pas rester vacant — aucune société ne peut se passer d'avenir. Mais *en même temps*, cette vision est de moins en moins crédible. Qui peut vraiment accorder du crédit maintenant à l'idée selon laquelle les nouvelles technologies vont fondamentalement transformer notre vie ? Certes, nous faisons semblant d'y croire parfois, mais le cœur n'y est pas : il s'agit d'un enthousiasme par défaut. Notre société est ainsi désormais presque complètement privée de représentation de son futur. Or, une société qui n'a pas d'avenir à se mettre sous la dent ne peut que se dévorer elle-même. Le processus a, hélas, sans doute déjà commencé.

Conclusion

La question initiale de ce livre était celle de savoir pourquoi la communication avait pris autant de place dans notre société. Les éléments de réponse qui viennent d'être donnés indiquent une voie : la communication est devenue en grande partie une utopie. Mieux, elle a, en quelque sorte, absorbé une grande partie de l'espoir utopique dont nos sociétés sont capables. En tant que tel, le système de valeurs qui s'est construit autour de la communication s'est progressivement affirmé comme une alternative possible aux idéologies et aux représentations « classiques » de l'homme. Mais il n'est pas sûr que cette utopie ait un véritable avenir et que les médias, par exemple, restent encore longtemps le pôle d'attraction crédible qu'ils constituent aujourd'hui.

Né dans les tourments d'une longue guerre mondiale et dans les soubresauts d'une dégradation dramatique du lien social, le recours universel à la communication est largement tributaire des circonstances historiques qui lui donnent son sens et sa portée sociale. Il paraît toutefois sûr – tous les effets pervers qui ont été décrits ici nous l'indiquent – que les changements de nos sociétés ne viendront pas de cette nouvelle utopie et que la « société de communication » est, à bien des égards, un mythe.

A y regarder de près, la situation que nous connaissons aujourd'hui n'est pas nouvelle. L'acte de communiquer et celui de bâtir des techniques dans ce but apparaissent en effet à la fois comme une constante anthropologique et comme un ensemble de pratiques très largement soumises aux aléas de l'histoire. La communication et ses techniques sont sans doute constitutives de l'humanité elle-même, et, pour « primitif » qu'il fût, l'homme de la préhistoire consacrait sans doute une partie importante de son énergie, non seulement à communiquer, mais à réfléchir sur la mise en œuvre de cette communication. L'hypothèse selon laquelle son humanité, précisément, viendrait de cette réflexion-là, pour spéculative qu'elle soit, n'est peut-être pas dénuée de tout fondement. L'homme est bien, de ce point de vue, un être communicant, en partie structuré par cette pulsion de « sortir de lui » qui l'anime sans fin. Cela étant dit, la communication n'est pas tout – sauf dans la perspective utopique qui vient d'être décrite –, et elle n'est pas toujours une préoccupation centrale des hommes.

C'est à ce point précis que l'histoire vient moduler l'invariant. Il y a un monde, en effet, du point de vue de la communication et de sa mise en œuvre sociale, entre par exemple le VIIIe siècle de notre ère, où les voies de communication physiques sont presque partout fermées, où les serfs sont attachés à la terre et où les idées contenues dans les livres restent cantonnées dans les bibliothèques, et la période fastueuse où Cicéron vivait, tellement riche et intense du point de vue de la réflexion sur la fonction communicative et argumentative du langage que probablement aucune autre période historique, même la nôtre, ne peut soutenir la comparaison de ce point de vue.

Pourquoi certaines époques sont-elles « communicantes » et d'autres pas ? Cette question pourrait être l'objet d'un autre livre, qui embrasserait une perspective plus vaste. Celui-ci ne répond – imparfaitement d'ailleurs – qu'à la question du XXe siècle, où il est clair qu'un rapport s'est établi entre la crise du lien social, des systèmes de représentations, et la montée de la communication comme utopie.

Au seuil de conclure, il convient sans doute d'insister sur deux idées qui aideront à mieux situer l'analyse, finalement assez critique, qui vient d'être proposée. D'abord ne faudrait-il pas éviter, comme on dit, de « jeter le bébé avec l'eau du bain » ? Ne doit-on pas essayer de distinguer le plus clairement possible entre la communication, comme donnée importante mais partielle de l'activité humaine, et les débordements utopiques dont elle est l'occasion actuellement et qui en font l'unique point de vue sur le monde ? Ensuite, et cela concerne finalement moins la communication que le discours qui l'accompagne actuellement, n'y a-t-il pas là matière à réfléchir sur notre rapport moderne à l'utopie ?

Nul ne saurait nier, en effet, l'importance de la communication, à la fois dans les relations entre les personnes et dans la vie sociale tout entière. Au point même, sans doute, que l'exercice de la démocratie soit largement dépendant de la capacité des hommes à s'exprimer. La naissance de la rhétorique et la systématisation des techniques d'argumentation qui l'accompagnent sont d'ailleurs contemporaines du développement de la démocratie en Grèce. Le paradoxe qui est décrit dans ce livre est que trop de communication conduisait finalement à une remise en question de la démocratie elle-même.

La transformation du thème de la communication en utopie montre par ailleurs à quel point nous ne sommes finalement pas autant dans une ère de « désenchantement » que certains le pensent. La tension vers le progrès existe toujours et c'est sans doute la force de l'espoir qui a contribué à la crédibilité de cette alternative originale aux conceptions politiques traditionnelles.

L'une des grandes difficultés avec laquelle les contemporains semblent se débattre est celle du rôle exact qu'il convient de conférer à l'utopie. Il y a, au moins, deux façons d'aborder l'utopie, soit, comme le fait par exemple Gilles Lapouge, en la condamnant unilatéralement, comme perversion de l'esprit humain et tentative blasphématoire de se substituer au Créateur[1], soit en lui conférant, comme le fait Miguel Benasayag[2], une fonction sociale positive, mais qui n'a de sens qu'à partir du moment où l'on ne cherche pas, justement, à la mettre en œuvre. Tout architecte, nous dit-il, doit avoir en tête un modèle idéal, mais savoir qu'il ne pourra jamais le réaliser. L'idéal utopique de la communication, dans cette perspective, n'est critiquable qu'en tant qu'on cherche à l'appliquer. C'est bien là, d'ailleurs, que les effets pervers commencent à se faire sentir. En fin de compte les dérives de la communication nous renvoient, en miroir, une des questions essentielles de notre temps, celle de la reconstruction de la représentation de l'homme, et de la société. Ce travail ne se fera sans doute pas sans un noyau d'utopie mais pas non plus sans un vigoureux sens critique.

---

1. Gilles LAPOUGE, *op. cit.*, 1990, p. 14.
2. Miguel BENASAYAG, *Utopie et liberté*, La Découverte, Paris, 1987 ; et (avec Edith Charlton) *Critique du bonheur*, La Découverte, Paris, 1990.

Table

Introduction 5
Une question politique 5
Un vide de la critique.......................... 6
La naissance d'une nouvelle utopie 8
Les effets pervers de la société de communication 11

PREMIÈRE PARTIE: LA GENÈSE DE
LA NOTION MODERNE DE COMMUNICATION

1 La formation d'une notion unificatrice 15
Un paradigme unificateur 19
La formation de la notion de communication 24

2. La portée sociale d'une nouvelle valeur............ 31
La construction d'une nouvelle valeur 32
La montée de l'implication sociale des scientifiques... 38

DEUXIÈME PARTIE: LA CRISE DES VALEURS
ET LA MONTÉE DE L'UTOPIE

3. La formation d'une nouvelle utopie.. .. ..:........ 49
Un « homme nouveau »................... 51
Une société de communication 58

4. La barbarie moderne et l'effondrement des valeurs .. 63
L'effondrement des valeurs 69
Le développement des idéologies d'exclusion 85

5. La communication, une valeur post-traumatique.....	91
Une triple réponse à la crise	92
Les voies originales de la diffusion d'une nouvelle valeur	99
L'imprégnation par les usages......................	104
Les quatre voies de l'influence intellectuelle	109

TROISIÈME PARTIE: LES EFFETS PERVERS DE LA NOUVELLE UTOPIE

6. Les ambiguïtés de la communication	124
L'utopie de la communication et la progression du libéralisme...	125
Un mot qui ne veut plus rien dire	128
Une utopie aux effets concrets	134
7. L'empire des médias	137
La confusion entre information et connaissance	140
L'incontournabilité des médias.....................	150
8. Le nouvel individualisme et la montée de la xénophobie	153
Les transformations de l'espace public	154
Un nouvel individualisme..........................	159
Un monde d'harmonie et de consensus...............	163
Conclusion	167

Dans la même collection

Littérature et voyages

Fadhma Amrouche, *Histoire de ma vie*.
Taos Amrouche, *Le grain magique*.
Ibn Batûtta, *Voyages* (tome 1).
Ibn Batûtta, *Voyages* (tome 2).
Ibn Batûtta, *Voyages* (tome 3).
Louis-Antoine de Bougainville, *Voyage autour du monde*.
René Caillié, *Voyage à Tombouctou* (tome 1).
René Caillié, *Voyage à Tombouctou* (tome 2).
James Cook, *Relations de voyage autour du monde*.
Hernan Cortés, *La Conquête du Mexique*.
Homère, *L'Odyssée*.
Jean-François de Lapérouse, *Voyage autour du monde sur l'Astrolabe et la Boussole*.
Bartolomé de Las Casas, *Très brève relation de la destruction des Indes*.
Louis-Sébastien Mercier, *L'an 2440, rêve s'il en fut jamais*.
Louis-Sébastien Mercier, *Le tableau de Paris*.
Louise Michel, *La Commune, histoire et souvenirs*.
Martin Nadaud, *Léonard, maçon de la Creuse*.
Mongo Park, *Voyage dans l'intérieur de l'Afrique*.
Lady M. Montagu, *L'islam au péril des femmes*.
Marco Polo, *Le devisement du monde, le livre des merveilles* (tome 1).
Marco Polo, *Le devisement du monde, le livre des merveilles* (tome 2).
Inca Garcilaso de la Vega, *Commentaires royaux sur le Pérou des Incas* (tome 1).
Inca Garcilaso de la Vega, *Commentaires royaux sur le Pérou des Incas* (tome 2).
Inca Garcilaso de la Vega, *Commentaires royaux sur le Pérou des Incas* (tome 3).

Essais

Mumia Abu-Jamal, *En direct du couloir de la mort*.
Rochdy Alili, *Qu'est-ce que l'islam ?*

Michel Authier et Pierre Lévy, *Les arbres de connaissances*.
Louis Barthas, *Les carnets de guerre de Louis Barthas, tonnelier, 1914-1918*.
Michel Beaud, *Le basculement du monde*.
Paul Blanquart, *Une histoire de la ville*.
Augusto Boal, *Jeux pour acteurs et non-acteurs*.
Augusto Boal, *Théâtre de l'opprimé*.
Lucian Boia, *La fin du monde*.
Philippe Breton, *L'utopie de la communication*.
François Burgat, *L'islamisme en face*.
Ernesto Che Guevara, *Journal de Bolivie*.
Daniel Cohn-Bendit, *Une envie de politique*.
Gustave Folcher, *Les carnets de guerre de Gustave Folcher, paysan languedocien, 1939-1945*.
Daniel Guérin, *Ni Dieu ni Maître* (tome 1).
Daniel Guérin, *Ni Dieu ni Maître* (tome 2).
Roger-Henri Guerrand, *Les lieux*.
Roger-Henri Guerrand, *L'aventure du métropolitain*.
Jean Guisnel, *Guerres dans le cyberespace*.
Joseph Klatzmann, *Attention statistiques !*
Paul R. Krugman, *La mondialisation n'est pas coupable*.
Pierre Larrouturou, *Pour la semaine de quatre jours*.
Jean-Pierre Le Goff, *Les illusions du management*.
Pierre Lévy, *L'intelligence collective*.
Pierre Lévy, *Qu'est-ce que le virtuel ?*
Paul Lidsky, *Les écrivains contre la Commune*.
André L'Hénoret, *Le clou qui dépasse*.
Alain Lipietz, *La société en sablier*.
Sven Ortoli et Jean-Pierre Pharabod, *Le cantique des quantiques, le monde existe-t-il ?*
Daya Pawar, *Ma vie d'intouchable*.
Paulette Péju, *Ratonnades à Paris*.
Jeremy Rifkin, *La fin du travail*.
Charles Rojzman, *Savoir vivre ensemble*.
Bertrand Schwartz, *Moderniser sans exclure*.
Victor Serge, *L'an I de la révolution russe*.
Maryse Souchard, **Stéphane** Wahnich, Isabelle Cuminal, Virginie Wathier, *Le Pen, les mots*.

La Découverte/Poche

Benjamin Stora, *La gangrène et l'oubli*.
Pierre Vidal-Naquet, *Algérie : les crimes de l'armée française*.
Michel Wieviorka, *Une société fragmentée ?*
Michel Wieviorka, *Le racisme, une introduction*.

Sciences humaines et sociales

Louis Althusser, *Pour Marx*.
Jean-Loup Amselle et Elikia M'Bokolo, *Au cœur de l'ethnie*.
Paul Bairoch, *Mythes et paradoxes de l'histoire économique*.
Étienne Balibar et Immanuel Wallerstein, *Race, nation, classe*.
Yves Bénot, *Massacres coloniaux, 1944-1950*.
Bernadette Bensaude et Isabelle Stengers, *Histoire de la chimie*.
Philippe Breton et Serge Proulx, *L'explosion de la communication*.
Philippe Breton, *La parole manipulée*.
Yves Clot, *Le travail sans l'homme ?*
Sonia Combe, *Archives interdites. L'histoire confisquée*.
Serge Cordellier, *La mondialisation au-delà des mythes*.
Mike Davis, *City of Quartz. Los Angeles, capitale du futur*.
Alain Desrosières, *La politique des grands nombres*.
François Dosse, *L'empire du sens*.
François Dosse, *Paul Ricœur*.
Mary Douglas, *De la souillure*.
Florence Dupont, *L'invention de la littérature*.
Jean-Pierre Dupuy, *Aux origines des sciences cognitives*.
Patrice Flichy, *Une histoire de la communication moderne*.
François Frontisi-Ducroux, *Dédale*.
Yvon Garlan, *Guerre et économie en Grèce ancienne*.
Peter Garnsey et Richard Saller, *L'Empire romain. Économie, société, culture*.
Jacques T. Godbout, *L'esprit du don*.
Anne Grynberg, *Les camps de la honte*.
E.J. Hobsbawm, *Les bandits*.
Camille Lacoste-Dujardin, *Des mères contre les femmes*.
Yves Lacoste, *Ibn Khaldoun*.
Bernard Lahire (sous la dir. de), *Le travail sociologique de Pierre Bourdieu*.
Bruno Latour, *Nous n'avons jamais été modernes*.

Bruno Latour, *Pasteur : guerre et paix des microbes*.
Bruno Latour et Steve Woolgar, *La vie de laboratoire*.
Prosper-Olivier Lissagaray, *Histoire de la Commune de 1871*.
Geoffrey E.R. Lloyd, *Pour en finir avec les mentalités*.
Georg Lukacs, *Balzac et le réalisme français*.
Armand Mattelart, *L'invention de la communication*.
Armand Mattelart, *La communication-monde : histoire des idées et des stratégies*.
Armand Mattelart, *Histoire de l'utopie planétaire*.
Gérard Mendel, *La psychanalyse revisitée*.
Élisée Reclus, *L'homme et la Terre*.
Roselyne Rey, *Histoire de la douleur*.
Maxime Rodinson, *Peuple juif ou problème juif ?*
André Sellier, *Histoire du camp de Dora*.
Jean-Charles Sournia, *Histoire de la médecine*.
Jean-Pierre Vernant, *Mythe et pensée chez les Grecs*.
Jean-Pierre Vernant, Pierre Vidal-Naquet, *Mythe et tragédie en Grèce ancienne,* (tome 1).
Jean-Pierre Vernant, Pierre Vidal-Naquet, *Mythe et tragédie en Grèce ancienne,* (tome 2).
Michel Vovelle, *Les Jacobins*.
Max Weber, *Économie et société dans l'Antiquité*.
C. Wright Mills, *L'imagination sociologique*.

La Découverte/Poche

BUSSIÈRE CAMEDAN IMPRIMERIES

GROUPE CPI

Ouvrage reproduit par procédé photomécanique
Impression réalisée sur Cameron
à Saint-Amand-Montrond (Cher)
en août 2001 (quatrième tirage).
Dépôt légal du 1er tirage : 2e trimestre 1997.
N° d'impression : 013838/1
Imprimé en France